张妮 著

文化名家谈文化自信

《环球时报》记者访谈录

人民日报出版社

图书在版编目（CIP）数据

文化名家谈文化自信——《环球时报》记者访谈录 / 张妮著 . -- 北京：人民日报出版社，2020.10
ISBN 978-7-5115-6575-4

Ⅰ.①文… Ⅱ.①张… Ⅲ.①中国特色社会主义—文化事业 Ⅳ.① G12

中国版本图书馆 CIP 数据核字（2020）第 189845 号

书　　名：	文化名家谈文化自信——《环球时报》记者访谈录 WENHUA MINGJIA TAN WENHUA ZIXIN ——《HUANQIU SHIBAO》JIZHE FANGTANLU
作　　者：	张　妮
出 版 人：	刘华新
责任编辑：	陈　红　王慧蓉　刘天一
封面设计：	山夫设计工作室
版式设计：	大有艺彩
出版发行：	人民日报出版社
社　　址：	北京金台西路2号
邮政编码：	100733
发行热线：	（010）65369509　65369512　65363531　65369527
邮购热线：	（010）65369530　65363527
编辑热线：	（010）65369844
网　　址：	www.peopledailypress.com
经　　销：	新华书店
印　　刷：	大厂回族自治县彩虹印刷有限公司
开　　本：	710mm×1000mm　1/16
字　　数：	220千字
印　　张：	17
版次印次：	2021年3月第1版　2021年3月第1次印刷
书　　号：	ISBN 978-7-5115-6575-4
定　　价：	48.00元

 马友友  马未都  于丹

 王蒙  王侠军  王陶

 方文山  冯满天  石大宇

 刘心武  刘震云  刘慈欣

 吉狄马加  张艺谋  李谷一

（按姓氏笔画排序）

马友友	文化是让政治和经济真正繁荣的舞台	002
马未都	中国文化有一层硬壳，大部分人没有能力敲开它	008
于丹	称霸从来都不是中华文化里的东西	014
王蒙	"十六字心传"保住了中华	030
王侠军	现代人的瓷器应该有现代的样子	042
王陶	中国时尚不应照搬"传统文化"	048
方文山	我的直接创作养分来自宋词	054
冯满天	中国民族音乐要有自己的价值观	060
石大宇	榫卯设计，代表中国"让"的精神	068
刘心武	读《红楼梦》，给孩子的心灵撒一些花瓣	076
刘震云	生活太幽默，我只是幽默的搬运工	086
刘慈欣	中国科幻文学迎来最好时代	096
吉狄马加	诗歌是走进另一个民族的精神密码	104
张艺谋	好莱坞不是我们的标准	112
李谷一	新时代应该有新的音乐经典	120

 李六乙
 宋英杰
 陈履生
 陈其钢 余隆
 苏丹
 范曾
 郎朗
 孟京辉
 周梅森
 莫言
 贾平凹
 黄永玉
 崔如琢
 韩美林
 谭盾
 濮存昕

李六乙	东西方艺术本质上没区别	130
宋英杰	二十四节气是未完待续的文化	136
陈履生	崛起的中国需要强大的博物馆文化	144
陈其钢 余隆	用世界音乐语言讲述中国哲学	156
苏丹	向大自然学审美	162
范曾	艺术家要有一种"大匠精神"	168
郎朗	成为出色的钢琴家,可以讲好中国故事	178
孟京辉	"先锋",就是不做井底之蛙	186
周梅森	改革开放 40 年,需要有一部作品影响世道人心	194
莫言	如模仿西方,中国文学永远是二流	202
贾平凹	中国正处于特殊的历史社会节点	210
黄永玉	艺术不能为势位和金钱所误	220
崔如琢	中国艺术品价格一定会超越毕加索	226
韩美林	中国艺术不能迎合西方审美	234
谭盾	那将是中国音乐家的耻辱	244
濮存昕	诵读,补上传统文化重要一课	254

马友友

著名大提琴演奏家、美国"总统自由勋章"及"格莱美奖"获得者。

并不是说巴赫的音乐能解决政治问题,而是因为它通晓这些问题背后的人性。它传递的信息不是"给你们解决问题",而是"你们可以开始对话"。

文化是让政治和经济真正繁荣的舞台

编者按：2018北京国际音乐节上，著名美国华裔音乐家马友友参与了闭幕演出。在约定的采访时间，他背着一个黑亮的大提琴包来到酒店。出生在法国、常年游走世界的他，说起中文略显生疏缓慢。一家媒体在采访结束后，希望他举着代表该媒体LOGO的小公仔说几句话，63岁的马友友瞬间变身可爱奶爸，摸着公仔的围巾充满稚气地说："天冷了，你要多穿一点。"这位多次斩获格莱美奖、奥斯卡最佳电影（《卧虎藏龙》）配乐的主要贡献者，似乎是被大提琴耽误的影帝。事实上，马友友早已不只是位大提琴演奏家。2006年，时任联合国秘书长安南任命马友友为联合国"和平大使"。18年前，他发起组建"丝绸之路乐团"，让来自古丝绸之路国家的50多位音乐人共同创作全新音乐。最近，他又在筹备"巴赫项目"，计划在全球36个地点演奏巴赫的大提琴组曲。"在今天这个支离破碎的社会里，巴赫的音乐诠释了共同的人性。"马友友在接受《环球时报》记者专访时说。

巴赫像叔叔，不敢告诉父母的秘密，尽可找他倾诉

张妮：这是您第一次在北京国际音乐节期间表演吗？

马友友：我记不大清楚了，但应该不是第一次。可以说，北京国际音乐节是中国非常重要的音乐节，我大概于1982年前后第一

次到中国，从那时到现在，中国发生了非常大的变化。古典音乐的发展靠很多人在支撑，北京音乐节是其中最重要的力量之一。因为它让人们在本地就能看到很多不同的人和不同的表达方法，包括他们怎么说话、怎么唱、怎么弹。不仅如此，还可以找到背后的原因，因为每个人做事都有不同的原因。北京音乐节到今年差不多是21年。它给了年轻人"是往这边走，还是往那边走"的建议，这是非常要紧的。

张妮：您被认为是古典音乐的宠儿，但也有人说，您是古典音乐的"叛逆者"。因为从20世纪80年代开始，您就尝试在古典音乐中加入通俗音乐等元素，据说还因此得罪了古典音乐界的权威。您为何要这样做？

马友友：所有的音乐都是人发明的。如果仔细研究古典音乐是什么，就会发现，古典音乐的根与其他所有音乐如爵士等，都有同样的联系。所以，我觉得古典音乐非常丰富，就是这样。

张妮：据说您最近正在运作"巴赫项目"，您的新专辑名字叫《演变六章——巴赫：无伴奏大提琴组曲》。为什么您对巴赫推崇备至？

马友友：我不知道你是否赞同"我们生活在一个略显支离破碎的世界"这个说法，但从50多年前就在到处旅行的我的角度来看，我们的世界发生了很大变化，而且变化速度越来越快。中国就是这种迅速变化的一个最好的例子。我甚至觉得变化才刚刚开始，随着人工智能等科技的发展，谁知道未来会是什么样？到底谁才是这种颠覆性变化的受益人？我希望所有变化都能成为文化的一部分。人类创造文化就是为了更好地了解自己，了解彼此和世界。

为什么选择巴赫？我觉得巴赫是一个很有意思的人。他是一位伟大的作曲家和音乐家，还是一位伟大的科学家——通过音律熟知人类本性和自然的科学家。巴赫探索的东西概括来说，就是"我懂你""我懂你的祖父母""我懂你的朋友""我知道为何你跟你的朋友处得好或是不好""我了解所有人"。他还像你的叔叔，你有什么不敢告诉父母的秘密，尽可以找他倾诉。巴赫对我来说就是这样的叔叔。同时巴赫还很客观——这正是他的科学之处。他一直在离你一定距离的地方，不仅了解你，还能给出他的看法。他客观又富有同理心，同时不会处处强调自己的重要性。我觉得社会各个领域都需要这样的人，不管你是教师、父母、老板还是什么其他人。这其实和中国文化的内核也有联系。仁者，既要了解自己也要关爱世界。巴赫正是这样的人。我收到许多音乐爱好者的来信，说不管是婚礼、葬礼、生病还是在压力巨大的时候，他们都听巴赫。巴赫的音乐能诠释人的内心和情感、意识和潜意识。"巴赫项目"旨在在全球社区中尝试去解决暴力、毒品和纷争等问题。比如，我希望在朝鲜和韩国间的三八线、墨西哥和得克萨斯州的边界等地播放巴赫的音乐。并不是说巴赫的音乐能解决政治问题，而是因为它通晓这些问题背后的人性。它传递的信息不是"给你们解决问题"，而是"你们可以开始对话"。有相似经历的地区可以相互交流，提供帮助和解决方法，这样就能组建一个互帮互助的全球网络。而我非常希望能成为这个对话中的一员。因为音乐本身就有把人类联结到一起的功能，同时我也很想帮助他人。

想进一步了解世界，就去听听各国的音乐

张妮：您此前发起成立"丝路乐团"，是否抱着与"巴赫项目"同样的目的？您真正想表达的是什么？

马友友：是的。我发起"丝路乐团"项目时，正值苏联解体后中亚国家成为独立国家。我多年来一直在旅行，一直以为自己对这个世界比较了解，其实不然。如果你问我"能否讲讲吉尔吉斯斯坦，或者塔吉克斯坦、哈萨克斯坦、乌兹别克斯坦是什么样？"我会告诉你我了解的一切，但就我的旅行经历来说，古丝绸之路不仅仅是"占据全世界一半人口"的国家和地区。我意识到，要想进一步了解世界，就要去听听各国人民的音乐及其背后传递的信息。我们不仅仅是让丝路国家的优秀音乐人组成乐团，更是要在惺惺相惜聚在一起后，共同去创造那种既能展现各自的传统，又能创作全新的、让你我都能感到自豪的音乐作品。兼顾新和旧其实并不容易，不同的人尚且很难在一个屋檐下和谐共处，但"丝路乐团"有能让成员和谐共处一室并合作创作音乐的必要条件——对于我来说，这个答案永远都是"信任"。没有信任，谈何建设？

十几年前，我们组建"丝路乐团"时，一个重要原因就是想让文化也出现在经济、政治的舞台上。但现在我的想法变了，我觉得文化才是那个让政治和经济真正繁荣的舞台。我们知道，货币是指能支付和交换的社会资本。如果说经济的"货币"是价值、政治的"货币"是能推动事务完成的组织能力，那么文化的"货币"就是信任。不管今后我在或不在这个项目里，这都是我希望能推动并继续下去的事。

音乐家就像声音的记者,写出人们内心的话

张妮: 在您看来,东西方音乐有什么异同?

马友友: 确实存在很多不同之处,这是一定的,比如在语言、习惯和艺术表现等方面。但同时,二者也是非常相似的。欧洲古典音乐里有一个叫"升华"的概念,就是结尾比开头的乐章提升了,超越一切到达了一个较高的境界,佛教里也有同样的理念。而在各种音乐门类中,不管是波斯音乐、中国音乐还是阿拉伯音乐,也都有这种理念。虽然演奏技巧可能会有不同,但艺术审美的目标却非常相似。

张妮: 作为音乐家,音乐对您意味着什么?

马友友: 我觉得音乐是人生的一部分。对我来说,如果学音乐,就一定要了解人类——人是什么?人为什么活着?人活着的精神是什么?音乐要能解释大自然跟人类的共同点。而我们在学校学的技巧,就是要找到某种方法去把这些东西解说出来。所以,音乐家就像声音的记者,要能够知道人类的内心在想什么,写出人们内心的话。

马未都

著名收藏家、文化学者,观复博物馆创办人。

美学教育这堂课要想补上,从现在起再有两代人,也就是到我孙子那辈可能会有大的改观。我们这代人远远做不到,连我自己都觉得自己是土鳖。

中国文化有一层硬壳，
大部分人没有能力敲开它

编者按：虽然受宏观经济影响，中国艺术品市场曾增速有所放缓，但近年来中国的艺术品收藏市场始终非常活跃。2011年中国曾以占全球艺术品拍卖和销售总额30%的成绩首次超越美国，成为世界最大的艺术品与古董拍卖市场，此后多年蝉联世界第一。国内各种鉴宝收藏类节目层出不穷。这轮"收藏热"，尤其是对中国古董的收藏热潮，究竟代表的是人们真正的文化回归，还是另一种投资方式而已？除了中国人自己热闹外，这些中国古代艺术品能不能作为一种传播工具，更好地向世界讲中国故事？中国著名文化学者、观复博物馆馆长马未都就此接受了《环球时报》记者的专访。

不认为今天所有收藏者对文化是真心尊重的

"中国从宋代开始出现了官方认可的收藏热，对中国文化思想做了世俗化的解释，至今已经有一千年历史了。现在中国的收藏热又在兴起，其中有文化回归的因素。"马未都说，中国有过文化强势的时候，18世纪的欧洲特别风靡中国风，枫丹白露宫的壁纸很多画都是中国图案，瑞典、德国当年建了很多中国亭子，欧洲贵族以摆设中国器皿为荣，当时的中国文化是有体系的。从宋一直到元、明、清，知识分子一直在对中国文化进行考据，标出标杆，比如欧阳修的《集古录》、吕大临的《考古图》，无论这个国家怎么动荡，这条路都没断过。到了清代末年国家衰落，很多人把原因赖在文化上，对文化的批判往往是不加选择的，认为一定是西方的好，因为西方当时经济强大。百年以后，我们重拾自己的文化就会发现，我们过去认为的糟粕现在可能是精华。有时候你认为它是个废料，也许它里头包含着巨大的价值。

"我在《百家讲坛》讲中国收藏的节目已经播出7年多了，这是一个讲故事的过程。这期间收藏市场变得更膨胀，更普及。但有一点需要特别注意，收藏的前提首先要对文化有真心的尊重。"马未都强调，"我不认为今天所有的收藏者对文化是真心尊重的。如果说还有一点尊重，很大程度上是因为文化可以变钱，所以很多人趋之若鹜。在电视上我永远不谈钱，不谈艺术值多少钱。艺术品值不值钱都是瞬间的事，说值钱就值钱，说不值钱就不值钱，战争一来什么都不值钱了，但艺术价值是永恒的。"

中国很多古代艺术品都蕴含着深厚的文化思想，讲好它们的故事，是一种重要的对外传播途径吗？马未都认为，这要看通过什么艺术形式来讲故事，艺术品要能看出艺术家内心的表达，如果通过中国画来传播有很大难度。"我认为中国的画就几张，一张画叫山水，一张叫人物，一张叫花鸟。不管哪个时代，中国山水都是一张画。因为它要表达的就是空灵，或者说含蓄，要把内心的东西藏起来，不能让人轻易看到。如果你在介绍一幅画时只是说笔力苍劲、构图均衡，老百姓也听不懂。之前电视台收藏类的电视节目，一做中国画专场收视就很低，就是这个原因。"相对来说，具体的器物是比较适合讲故事的，可以有最通俗的表达。"比如说康熙瓷器紧皮亮釉，老百姓一听，瓷器怎么还有一层皮，就容易听进去。"马未都说，中国古代的民间教育主要是通过物体来传达的，古代的大学生比例不足百分之几。但过去农村的门窗上也雕龙画凤，什么都有图案，人们从小就教育孩子，这是花，这是草，这是山水，这是人物，再大一点会告诉他，这是"三国"，这是"水浒"。"中国人是世界上最物化的民族，比如买个包，材质怎么也得是皮的，不愿买塑料的，这也是一种文化特质。"

另外，器物背后蕴含着丰富的文化和历史。比如，元朝的铁骑一路西行把宋朝中原建立起来的文明践踏了，很多学者认为是历史的倒退，但事实上它在践踏的同时，又意外带回了鲜花。"青花就是元朝带给我们的，我写过《元青花玄机》，它是汉文化、波斯文化和蒙古文化的结晶。元青花为什么一出来就极为强大，改变了陶瓷的布局？因为它包含了很多种文化内容。"简单来说，中国文化的优点是包容，对所有的文化都可以包容、接受，对外来的东西没有内心的抵触。"开在故宫里的星巴克，如果你不把顾客赶走，它天天爆满。"中国艺术品在历史上曾经被西方人长时间追求过，到了 19 世纪，当中国这扇门被敲开以后，西方人开始通过大量的中国文物认知我们的文化。

敲开中国艺术品的壳，要靠两代人重塑美学教育

"但是，通过中国古代艺术品讲故事，短期内很难达到效果。

因为理解中国古代艺术的层次非常多，大部分人只是看到表象。不要说外国人，就连中国人都很难理解自己的艺术语言，比如一件陶瓷、一幅画，究竟里面包含多深的内容，大部分人只能看到表层就看不下去了。因为我们的文化有一层硬壳，有点像鸡蛋，你不敲开那个壳根本看不清里面是什么样，大部分人都没有能力敲开它。"原因是，我们从小缺乏整体的美学教育和美学训练。"今天很多人是在功利下去学习艺术，要把学到的艺术迅速变钱，我不认为我们今天有非常好的美学教育系统。"马未都说，只是上一堂美术课不能算美学教育。西方的美学教育是，让孩子从幼儿园开始就逛博物馆，每个月甚至每个星期都要去看。在西方的博物馆，你会看到大量的孩子坐在地上听老师讲。"中国学画画、学设计的人最多，但中国很少有一处公共空间是让你看着舒服漂亮的，大街上很少能看到一个漂亮的橱窗。在法国、意大利，你经常可以驻足在一个街头的橱窗前看上半天，晚上你在马路上散步的时候，心中的那种愉悦感就是美学艺术价值的直接体现。"马未都认为，之前中国的经济发展阶段还顾不上这件事。美学教育这堂课要想补上，不是读两本书就可以的。"从现在起再有两代人，也就是到我孙子那辈可能会扭转过来，有大的改观。短期内我不做奢望，我们这代人远远做不到，连我自己都觉得自己都是土鳖。"

那么，如何提升对美的鉴赏力？中国的美学教育应该怎么做？马未都认为，整个社会的美学教育是一个系统，中国古人的教育方法有很科学的道理。

好莱坞电影是最成功的媒体传播

"我们今天的文化输出手段,几十年来一直没什么变化。仅仅靠过年过节在国外舞狮子来传播中国文化是远远不够的,外国人看看热闹就完了,不能深入人心。"马未都说,现在欧洲也没什么传播自己文化的好办法。日本人是通过游戏传达它的思想,美国的早期影视作品就受日本文化的影响,比如《忍者神龟》。"我认为,现在真正新型的文化传播方式是美国通过好莱坞电影来传播。如果我们把电影看成一种媒体而不是娱乐手段的话,美国已经很成功地利用它在娱乐精神中灌输美国思想、美国主义。"最近几年在国际上,能很好传达中国文化思想的是电影《功夫熊猫》《花木兰》,但这都是美国人做的。在这种情况下,今天我们要讲好中国故事,可以借助现代媒体的传播方式。"但目前来看,中国的娱乐节目还很少能成功地传达思想。"

"我个人认为,今天我们最好的传播中国文化、讲好中国故事的途径是中餐。"马未都进一步说道,美国文化进入中国,除了通过电影就是麦当劳、肯德基,很多中国家长都把吃这种垃圾食品作为对孩子的奖励。中国的餐饮比这些食品高级多了,我们为什么做不到?烹饪的复杂使中餐确实好吃。"西方人很愿意吃中餐,只是中餐的氛围做得不行。国外的中餐馆虽然很多,但没有中餐战略。"在国外,中餐馆永远给人低档的感觉。在西方最重要、最正式的餐馆都不是中餐馆,日餐在国外也有很高级的餐厅。"如果国家有政策倾斜,促进一些大的中国餐饮集团在国外发展,可以使中国文化、中国故事通过这样的途径得到更好的传播。"马未都说。

于丹

著名文化学者、北京师范大学教授。

西方对天神的信仰，是崇敬外在力量对人的提携、帮助，强调的是每个个体的公平和尊严。而中国面向土地的农耕文化，一定是以家庭为基础单元的、不寻求扩张的文化基因。

称霸从来都不是中华文化里的东西

编者按：在"国强必霸"的逻辑下，一些西方国家始终对中国抱有防范心理。如何更好地向世界传播中国追求和谐共荣的价值理念，讲好中国故事是一个重要课题。在著名文化学者、北京师范大学教授于丹看来，向世界解读中国的价值理念，一定要追本溯源，找到中国文化的特质。于丹一直试图用大众传播的方式激活中国传统文化里那些"活着的基因"，《于丹论语心得》一书已有30多个语种版本，发行到50多个国家和地区。她在接受《环球时报》记者专访时说，中国的文化基因里透着农耕文化那种敬畏之心、小小的欢喜和保守的善良，"所以，称霸从来都不是中华文化里的东西"。

如果打翻一个杯子，西方人会说"我的神哪"，我们会说"我的妈呀"

张妮：在您看来，和西方文化相比，中国文化的基因和特质到底是什么？

于丹：随着中国在国际上经济地位、外交地位的上升，下一个命题就是我们的文化话语权。文化是你外交的一张名片，是你对话的依据，是积淀在我们血液中的基因。在西方人眼里，中国现在是个大国，但还没有成为真正的强国，就在于我们的文化话语权还有很大的上升空间。西方为什么对中国经济实力的增长有防范之心？因为按照西方的帝国逻辑，强国必霸。但其实称霸从来都不是中华文化里的东西，要解读中国的文化传统，一定要回到农耕民族的源头上，用讲故事的方法去讲明白中国梦，而不是干巴巴地讲道理。今天，我们要追本溯源，因为中国人是讲君子务本，本立而道生，也就是说我们一定要看到本到底是什么，"本"字很有意思，就是木头底下一横，它是一种树根，就是最本初的，最根本的东西。站在今天去看到你血液中的基因。

那么，到底中国文化的特质是什么？我们今天看东西方文明，不要孤立地在自己的语境中去谈，一定要放在差异的环境下，找到它们在文明质地上的不同。我在国外讲学的时候，有很多学者、记者都会问我说，我们到处都是教堂，我们信仰上帝，我们是有强大信仰和底线的民族，你们中国呢？我说我们虽然没有全民的宗教信仰，但一直有全民的文化信仰，中国人的伦理归属是替代西方神灵的。中国人的教规教训、家庭伦理归属实际上是替代宗教的。外国人问有那么强大吗？我说，如果咱俩同时打翻一个杯子，你会本能地说"我的神哪"，我会说"我的妈呀"。为什么你喊神的时候我会喊妈呢？因为我从小不上教堂，没有一个外在的神灵，但中国孩子犯了错在古代是先跪祖宗牌位的。所以，在这个时候本能叫出来的其实是中国人的伦理条律和家规。也就是说，中国人的伦理与天理是最大的行为底线。

中国节日、节气来自天文历法。比如，清明既是节日又是节气，首先慎终追远去悼念你的祖先，包括值得尊敬的古圣先贤，它肯定是一个巨大的节日。另外,风清景明,种瓜种豆,又是一个不误农时的节气。同时,你看见正在放风筝的孩子,又会在这样一个清明世界感受到轻盈的喜悦,中国的节日与节气中往往混合了这种复杂深沉的情感。西方对天神的信仰,是崇敬外在力量对人的提携、帮助,强调的是每个个体的公平和尊严。而中国面向土地的农耕文化,一定是以家庭作为基础单元的、不寻求扩张的文化基因。因为它有这种秩序的安顿,从清明到端午,一个节气一个节气往下走。

我有一次上课对学生说,今天是小满节气,小满就是庄稼开始抽尖、逐渐饱满起来的季节。农民看着逐渐丰盈饱满的谷穗,内心有小小的喜悦。这时,突然有个小女孩说,有大满吗?她说有小寒、大寒、小暑、大暑,为什么有小满没有大满?那一瞬间,我认为她问了一个特哲学的问题。我说,因为中国人原本的幸福来自小小的满足。中国人原来的满足都是跟着庄稼长的,可以祈祷风调雨顺,祈祷老天爷帮帮我,我一定好好干活。但从来没见中国人祈祷不劳而获,从来没有祈祷说我天天就躺在炕头上喝小酒,让地里长黄金,这种愿望不是属于中国文明的愿望。因为中国人知道天人合一。人在做,天在看,举头三尺有神明,你做好了,神明才来帮你。所以,中国人的节日里,都透着这种敬畏之心、小小的欢喜和保守的善良。所以,称霸确实不是中华文明里的东西。

张妮:那么,中国文化在世界文化中的位置到底如何?

于丹:今天既不是以美国文化为中心,也不是以欧洲文化为中心,西方也不用担心中国文化的崛起会成为世界的一个中心,实际上现在是多元文化共融共生的时代。所以,我们的文化可以说是传统文化中一些基因的唤醒,与世界文化融合以后的新文化生态,我并不认为这是简单的回归。各种文明都有它生长的理由，那这些文明中一定有一些共同的价值观，比如说人类对善良、公平、正义的追求，这是人类生生不息走到今天的文明的核心价值。所以，从中国的"仁义礼智信"一直到今天的社会主义核心价值观，我们提出来的东西其实都是能在全世界范围内取得共识的。遣唐使来到中国，它带走的一定是从政治到理念上的一些良性的内容，可以说我们的文化不是单一血统的一种纯粹文化，从一开始就是融合文化。从个人到民族，有自我建设、自我完善、自我更新的能力，才能够去完全融合。今天的中国文化也仍然有这样的能力，这是它真正的活力所在。而不是简单地把中国跟西方对立开，我们要做这种比较，但比较恰恰是为了融合。

用中国人的生活方式讲述中国故事

张妮：中国政府近年来一直倡导讲好中国故事。作为中国传统文化的传播者，您如何理解讲故事的重要性？

于丹：如果你能了解为什么所有的小孩睡觉前都要听故事，就能解释人类对故事的需要。从某种意义上来讲，人类的童年都是在各个民族的神话里成长起来的，我们就是以听故事的方式来实现传统价值观念和生活方式的绵延传递的。比如大家都熟悉的"盘古开天地"的故事。中国的神仙是祥和的，带着一份从容不迫的善意。中国人的开天辟地是怎么出来的？《三五历纪》上记载，天和地就是一团中气，中间含着的小轮叫盘古，然后它们一起长，天日高一丈，地日厚一丈，盘古日长一丈，这样长了一万八千年天地开辟，阳清为天，阴浊为地，盘古居其中。所以天数极高，地数极厚，盘古极长。也就是说，中国的开天辟地是用人格把天地给撑开的。你并没有觉得人的渺小与无助，被天地压迫乃至抛弃，你会看到人和天地一起成长。一个人头顶苍天，像神一样能君临这个世界去思考，这是人的头脑。同时，脚踏实地像中国农民一样去劳动耕作保证收成，这是人的手脚，这就是中国的人格。

张妮：如何才能讲好中国故事？

于丹： 如何讲好中国故事，我想从三点来谈。一是用中国文字和语言讲述中国故事。任何一个中国故事，都绕不开一个话题就是汉字和中国的语言。汉字和语言本身就是故事的载体，每一个字都是一个故事。比如最简单的中国字莫过于这一长横的"一"字。老子说"天得一以清"，踩的这根线的方向叫正道，你要走这条道，跑到旁边去了就是歪门邪道。再比如，元旦的"旦"字，是一横上跳出一个太阳，这一横就是地平线。所以，中国的"一"就是个标准，它是起跑线，它是地平线，它是万物融合的起始，这就是"一"。

二是用中国的艺术形式讲述中国故事。国外有很多伟大的艺术传统，当我们去比较时会发现有很大的不同。西方人的眼光很多是结构式的，能够看见它的局部和整体。而中国人是解构式的，是在一个整体把握的模糊中去寻找它精准的审美。达·芬奇画那么多次鸡蛋，要找它明暗的阴影。达·芬奇同时也是一位医学家，要精准解剖人的肌理骨骼，画出来的肌肉才都是符合比例和透视的。而中国画，用李白的诗来说"山从人面起，云傍马头生"，山从人面起来，云从马头边起来。中国人的艺术讲究的是一种主观的写意。大画家石涛曾经说过"我写此纸时,心若春江水。江花随我开,江水随我起"。就是我还没开始写,先把我的心远远地浸入了春江水,所有的春花从我心中开放,所有的春水从我笔尖涌起。这就是中国人由"天人合一"所体现的画意画境。

三是用中国的生活方式讲述中国故事。很多人都下棋,我还记得大英博物馆里最早的西洋棋中,那个国王是非常威严的样子。王后一只手托着头,有点忧伤的样子。其中的每一个角色包括车、马等,都有自己的仪态、自己的岗位,都有它要走的清晰路线,这和西方在宪政传统下一个公民自我意识的觉醒如出一辙。我们再来对比中国的围棋,大家常说中国的围棋叫集体无意识,一篓黑子,一篓白子,没有与生俱来我是谁,大家都是平民,但围棋中平民胜利的观念也在其中。平民的胜利不是角色的胜利,而是格局和气场的胜利,棋盘就是一个局。希望大家能更加平心静气地从爱故事、讲故事开始,在故事中熔铸最好的未来。这样,我们的努力将不仅仅止于传播中国文化,而是人类共同文明的未来。

《阿甘正传》是主旋律片与商业片的完美结合

张妮:中国文化的精神内核如何与现代生活结合?

于丹:"文化"这个词,最早是从《周易》上来的,叫"关乎天文以察时变,关乎人文已化成天下",就是说观察了天文,然后根据天文,形成人文观念,用观念去流化人心,化于社会。有文明但要化于人心,我们现在存在一种文而不化的现象,就是我们的经典和今天人们的幸福感,和你的反省能力到底有多大关系,很多人不知道。中国人只有自己完成文而化之，才能在与其他文化的比较中去完成文化新生态的构筑。今天，我们总要回到中国人的生活方式来谈论什么是中国文化。

比如农耕文明，今天是城乡一体化时代，显然农耕劳作的方式在改革，甚至有些已经彻底过时了，但农耕的思维方式是不是就过时了呢？农耕人在天地四时里的顺应是不变的。中国人现在逐渐地回来，体现得最明显的一点就是中国人的保健方式。刚刚改革开放的时候，国人看到国外的维生素片、深海鱼油觉得太高大上了，一个小小的胶囊能包含那么多种维生素，对人体多么有用，我们简直太落后了，只要有出国的人就得带半箱子保健品回来送亲朋好友。可是到今天，大家就会发现，中国人的传统养生方式是微信朋友圈里流传得最多的内容之一。中国人是讲春生、夏长、秋收、冬藏的。春天最有生机，植物发了芽我们就吃芽，春天我们喝不发酵的绿茶，喝嫩嫩的茶尖。到夏天就特别提倡吃大叶子蔬菜，因为夏天各种大叶子吸收的营养最多。秋天就吃果实，丰富的营养都在果实里。冬天就提倡吃根茎，所以冬天的白薯最甜，土豆最面，萝卜最脆。中国人过去没有吃那么多外在的营养素，就是跟着四时吃适合的五谷杂粮来养生的。

我很喜欢王庚的一句话"百姓日常之用"，这六个字就是很好的文化与哲学，也就是说日常生活里你怎么吃、怎么穿都能体现出你的文化认同。什么样的文化是活着的？就是你相信的文化。相信是最大的力量，你不能说把文化当作我的饭碗，只是我披的一件职业装，如果你的生活里不能随时随地对它充满信任，你不会乐在其中，不会享受自己的文化。现在，如何让我们的民族文化随着科技文明的进步有更多融合、接纳，体现普世的意义，是一个重要的课题。

张妮：韩剧对韩国文化的国际传播起到非常重要的作用，您认为，我们怎么才能推出更多"叫好又叫座"的影视作品呢？

于丹：这当然很必要。电视剧是大家消费最强的一个传播产品。我们现在无论古装剧还是现代伦理剧都不少，但有时候会觉得观念与剧情是两张皮。我们现在经常会分出两种类型的影视作品，一种叫作主旋律片，一种叫作商业片。什么时候我们把简单的二分法思维方式摒弃掉，真正让这些观念做到水乳交融。这方面是有成功案例的，比如获得奥斯卡6项大奖的《阿甘正传》。它是一部成功的商业片，无论从技术、发行、商业票房到最后的获奖，都达到了较高的水准。同时，这部片子还是一部不折不扣的主旋律影片。这个傻乎乎一生奔跑的阿甘，最后他的人生并不吃亏。有一些精致的利己主义者，老在算计着下一步棋我怎么能占便宜。但是阿甘的妈妈告诉他那句名言：生活就像一盒巧克力，谁也不知道下一块是什么滋味，但你总是要吃下去，路总是要走下去。这就是观念和故事的完美融合。所以，中国的文化创作还有太多的路可走，从影视到文学作品，大家都在路上，而且都在一个起点上。

张妮：您本人对中国文化的传播有什么心得体会？

于丹：《于丹论语心得》这本书，现在已经有30多个语种，发行到50多个国家了。当我拿到联合国出版金奖的时候，自己也很惊讶。他们说我的"论语心得"在法国一年中正版的精装书就卖出去24万册。法国读者认为这是讲故事的书，是当故事来读的，从故事里了解观念。其实我做的是中国文化的传播，而不是文化研究。如果以研究的角度看，我写的很多内容可能不是非常学理化、逻辑性的，但我是在做一种传播，就是一定要有当下的故事。我传递的是一种态度，而不是一种结论。因为我硕士学的是先秦两汉哲学和文学，博士的专业是大众传播。我后来教书20多年，一直教的是大众传播。所以我一直试图用大众传播的方式来激活传统文化里那些活着的基因，把它放在一个一个小故事中去口耳相传。我相信从小时候听传统故事到长大后看电视剧，人性中一定对叙事的东西接受和传播最快。所以，我既然是这两个学科的结合者，就希望在更多的课堂上和我写的书里用故事策略去驱动中国文化的传播。

用儒家的态度去承担责任，以道家的态度去滋养自我

张妮：近年来中国企业家越来越多地在世界舞台崭露头角，传播自己的商业理念。这是否也是一种中国故事的表达？

于丹：中国很多企业家像马云、王石、冯仑都是非常会讲故事的人。讲故事不是靠技巧，而是靠实例，没有题材是讲不出来好故事的。他们在这个世界上已经是一个故事了。不管是做文化的还是做企业的，我其实并不太提倡在技术层面上做训练，首先人自身成为传奇，再把这个传奇用平实的语言告诉大家就够了。企业家看似在经商，但最终指向却是提升公民道德与公民权利。

民营企业家是在以商道改变中国的社会节奏，让民众享有最大的权利。马云建立阿里巴巴为的是什么？他是为了让民众更便捷地行使自己的权利。马云说，我希望一个普通的老奶奶买东西的时候不比任何一个特权阶层的人费更大的事，浪费更多时间。马云是我的好朋友，他自己喜欢太极，他对于中国传统文化的认同感是非常深的。TCL集团董事长李东生说，他们正在研发一款面向老年人的互联网电视，电视插上线就是电脑，给老年人的按键简化极了。所有的这一切都会让我感动而且抱有希望，就是因为他们最后看重的仍然是一份社会责任感。我觉得褚时健是中国企业家的一个精神导师，他倡导的精神是：我们不要怕改造荒山，不要怕花时间等待，也不要怕自己生命里所有的苦难和挫折。如果你对未来、对中国、对自己有信念，去做就好了。道德感永远是商业规则中的前提，中国对商人最高的评价是儒商，如果没有道德的约束，即使懂得再多商业规则，也无法取得成功。

张妮：在转型中的中国，为什么人们的物质丰富了，幸福感却似乎降低了？如何从传统文化的滋养中找到更多幸福感？

于丹：今天很多人都在说不幸福不快乐，抑郁症比例急剧上升。我觉得在一个社会转型期，我们要接纳这个代价，不必因此而感到绝望。先来看一看中国人走过这一个世纪的历程，一百年前的辛亥革命，我们推翻帝制的同时，其实也颠覆了传统价值的结构。20世纪二三十年代进入了国内战争时期，三四十年代进入了民族救亡时期。成立新中国之后，我们经历了"反右"、"文革"、"批林批孔"，也就是说，在20世纪80年代改革开放之前，我们用了半个多世纪在进行文化思想的颠覆否定，中国人的人伦纲常被搞坏了。80年代，我们几乎是站在一片文化与道德的废墟上突然遇见了西方摧枯拉朽的拜金大潮，我们一下子看见了别人的生活方式，觉得金钱万能。中国的改革开放用三十多年时间完成了西方资本主义一百多年的历程，作为一个十三四亿人口的大国，能吃饱肚子，有今天这样的经济收入，已经是全球的奇迹了。从农村的小草棚住进城市的高楼大厦，他的心理怎么会不起一些波动？所以，我们的幸福感下降了，我们的道德伦理出现了很多令人发指的事，所以才穷则思变。到了暴露问题的时候，就是它开始要重新修复走向好转的时候，所以这个时候，人又开始信任祖宗，这是一种正常的回归。人心一定是经历一个正反合的过程，文化也一样。今天他之所以信任这些，是因为觉得祖宗留下来的伦理观念是让人感到温暖的。仁爱的"仁"，核心意思就是二人成仁，讲的就是两两关系，这种两两关系的修复是现在最难的。比如，老小之间的关系。"孝"字就是"老"字头下来是个孩子，孩子扶持着老人就叫孝，但是现在中国出现了独生子女，又出现了隔代抚养，所以很多老年人说，"自打我有了孙子，我就当上了孙子"。把这个"小的"奉为至高，中国好多伦理观念，就是因为这样被颠覆，养出了特别自我中心的一代人。怎么办呢？要回到原来的古训。你会发现，在家干点家务，在家懂得节制的孩子，出了门并不吃亏。在家养成了跋扈的性格，一出门就处处碰壁。人为了懂道理总要付出一些代价，一个民族也会付出这个代价。费孝通说："我们正在拥有越来越多的房子，但我们正在失去越来越多的家园。"中国人缺乏安全感的根源是失去了农耕的节奏，失去了对农耕文明的敬意。我们现在不再意识到春夏秋冬的节序跟我们生命的内在关联，我们正在失去"道法自然"的信仰。

有人说，要想幸福，三个词很关键：物质、情感和精神。物质是基础，基础不牢，地动山摇，于是人们都想夯实这个基础，慢慢产生了一个错觉，以为物质目标实现了，幸福问题就会迎刃而解。

可是走着走着，房子、车子都有了，幸福感并没有如期而至，反而渐行渐远。问题出在哪儿？除了物质，情感与精神这两个层面，您关照得够吗？如果物质是正分，情感和精神却是负分，加起来你的幸福总分会不会是负数？

孔子的学生问孔子，您对人格的理想是什么？孔子说："老者安之，朋友信之，少者怀之。"就是因为有我这个人

于丹

在，让我的父母长辈得以安顿，让周围的朋友多一份踏实的信任，能被孩子们经常温暖地怀念着。大家想想，去掉名片上显赫的头衔，忘记雄厚的资产，每个人还原到最初，一个无名无分的人，谁没有这三种关系？很多人事业成功以后为什么感觉不幸福？可能和朋友反目，孩子离家出走，老人在病床上没办法尽孝，中国人最本初的伦理关系被懈怠了。

孔子的学生曾经问他：什么是真正的君子？孔子说能做到四个字："不忧不惧。"也就是说，当你心中没有忧思、没有畏惧，这就是君子。学生听了不以为然，认为标准太简单了。难道真君子不需要做点事吗？孔子说了一句话："内省无疚，何来忧惧？"就是说，当一个人一天忙碌下来，叩问内心，反躬自省，问问自己做的事情是否有愧于天？是否耍了小聪明？有没有对不起别人？如果自己的

内心了无愧疚，何来的忧和惧呢？我们现在这个社会很多人觉得神经衰弱，睡不好觉，甚至需要医生给开安眠药，其实按照孔子讲的，就是你的内心有忧有惧，觉得自己有什么事没有做到位，有些事没尽心，有些事做错了怕人责备。所以，这种内省就是儒家提倡的一个自我平衡方式。当今人们的种种烦恼，都是因为静的时候不庄严，心里总有东西放不下；动的时候自然不麻利，拖泥带水放不开。中国过去都是有宗庙祠堂的，很多小孩子做错了事情，你告诉他到祖宗牌位前跪下，他心中就会惭愧、忏悔了，但现在人越来越少羞愧之心。"仁义礼智信"这个价值体系会不会在都市化进程中逐渐被淡化？我们走到现在，有没有一些中国文化价值能够跟当代核心价值融合？这是我们需要深思的问题。

此外，或许我们还缺少一点意境、一点闲情，一点与家人共处的那些闪光的零碎时间。如果说太阳给人的是进取心，月亮给人的是平常心。国家把中秋节定为法定节日，但我们真的赏月了吗？我们已经把音乐、美术等艺术教育当成一门手艺。如果孩子用一小时坐在窗前发呆看明月，那就离挨打不远了。孟子提倡颐养的浩然正气来自天地，人要养气就必须亲山临水，走到大自然中去。在自然山水、日月星辰的更迭中敞开心扉，陶冶情操。心随景动，胸襟和眼界自有不同。即使回到生活中，已经能发现生活的趣味了。

每一个人都有自己的社会人格和自然人格。工作8小时之内，应该儒家一点，认同规则承担使命，甚至要牺牲一点小我，去服从社会利益。但8小时外，应该道家一点，就是关心自我的生命，顺应自然，呵护家人朋友，在自然之中不断随着流光成长，心灵飞扬，让这种天地精神滋养你的心。一个人只有用儒家的态度去承担责任，以道家的态度去滋养自我，才能达到真正的平衡。

庄子说，"外化内不化"。我们的生活可以分成两个层次，内在的生命和外在的生存。一个人内在层面要承担责任、认同使命。在社会中做一个合格的公民，要去遵守规则，要外化，就是与社会融合。怎么才能做到外化而内不化？举个例子。三锅滚烫的开水，往第一个锅里扔进去一个生鸡蛋，第二个锅里扔进一些生的胡萝卜，第三个锅里扔一把干茶叶。第一个锅，生鸡蛋本来是柔软鲜嫩的，但被煮熟后变得硬邦邦。正如有些人被生活煎熬之后，内心变得越来越硬，态度冷漠，对生活充满了指责和抱怨。第二个锅，胡萝卜本来是漂亮坚毅的，但被水煮成了胡萝卜泥。就像有些人在生活的煎熬下，变得失去自我，没有了梦想，随波逐流，不再坚毅，这就是外化内也化。第三个锅，水变成了一锅香茶。煎熬使干枯的茶叶变得饱满而美丽，也为寡然无味的白开水奉献沁人心脾的清香。这就是生命相逢最好的状态。能够如茶叶一般在社会大舞台舒展生命的人，是那些善于从中国文化精髓中找到与现实社会契合点的仁者、智者和勇者。

孔子说："吾十有五而志于学，三十而立，四十而不惑，五十而知天命，六十而耳顺，七十而从心所欲，不逾矩。"不逾矩就是不破坏社会的法则，能遵循社会发展的标准，从心所欲是主观，不逾矩是客观，社会与人的内心终于达到和谐，也就是说，儒家的最高境界是一个人的思想与社会梦想的水乳交融，内外合一。

所以对于当前出现的问题，我是感到痛心，但并不绝望，我们还是从骨子里信任自己的文化。

王蒙

著名作家、学者,文化部原部长,茅盾文学奖获得者,代表作长篇小说《青春万岁》等。

我们的文化课题之一,恰恰在于打通传统的、现代的、革命的、民族的、大众的、社会主义的,以及一切能够为我所用的文化果实与文化积累。

"十六字心传"保住了中华

编者按：有人说，王蒙是作家中最懂政治的，因为他当过文化部部长。王蒙却说，曹雪芹即便当个县长也不会给你写《红楼梦》。但他自己为何当了高官还坚持写作？他回答《环球时报》记者："我19岁就开始写作，一辈子都在写作。文化部部长是那几年偶尔为之。"王蒙年轻时就因《青春万岁》《组织部来了个年轻人》等小说在中国文坛声名鹊起。近十年来，他却"转行"成了传统文化专家。《老子十八讲》《庄子的快活》《中国天机》等十几部著作不断问世。2017年，83岁的他又推出新作《中华玄机》。在新书发布会上，虽然他听力有所下降，但说起话来个性十足，棱角分明。有记者问起他的个人经历，他略显不快："咱们还是聊这本书吧，要问个人问题，我就不说了。"他还强调早就不搞签售了，因为"我有休息权"。再联想起耄耋之年还享受在大海中畅游，难怪他被铁凝称为"高龄少年"。

无论多博大精深，不能成"不可说"的文化

张妮：近些年来，您为什么对探讨中华传统文化产生如此大兴趣？

王蒙：大家现在很重视中华文化，热爱中华文化，也都离不开

中华文化，比如平时用的茶碗就有中华文化特色。可对中华文化总有点抓不住、摸不着、说不太清楚。我经常讲一个例子，一位领导带着几名著名教授到国外访问，外国人就问，你们天天讲中华文化博大精深，能不能给我们讲讲怎么个博大精深法？那名牵头的教授说，既然是博大精深，我从哪里给你们讲起呢？这就让人觉得有点尴尬。不管中华文化多么博大精深，你也不能把它变成"老虎吃天，无从下口"的文化，变成"不可说"的文化。

从另一方面说，我们说的中华文化不是古代文化，如古希腊文化，或者不可考的，如甲骨文文化。文化是一个活的概念，是一个有生命的存在，是历史的与社会的动态基因。它不是博物馆里供参观的文物展览品，它是衣食住行、柴米油盐酱醋茶、阴阳五行八卦；它是人民的生活，它是人民的愿望，它是物质的与精神的资源的综合；它是世道人心，是人人心里的一杆秤、一个梦，它又是精英的与圣贤的精神高峰。

文化可以这么解释，也可以那么解释。有时强调这一面，有时强调那一面。值得我们好好研究、好好琢磨。所以，真正爱文化、珍惜文化，也有兴趣钻研文化的人，应该接上那个话茬。

张妮： 您的新书名叫《中华玄机》，中华文化到底玄在哪儿？

王蒙： 玄机最基本的意思是高深的道理。过去用得最多的是道家，老子的《道德经》一上来就说"玄之又玄，众妙之门"。道家很大的特点是比较内敛，是一种更好的自我控制，强调以退为进、以弱胜强、以柔克刚，这跟欧美提倡的不完全一样。历史证明有很多这样的人取得很大成功。比如楚汉相争，项羽非常厉害，块头也大，力拔山兮气盖世，打仗从来都是胜利的一方，结果最后一仗打败了就完蛋。刘邦很多地方都弱于项羽，经历了一连串失败，但最后取得了胜利。当然中国文化也强调努力，你什么都往后退也不行，比如，"天行健，君子以自强不息""只要功夫深，铁杵磨成针"等，没有人说你一边歇着就能成功。

黑格尔看完老子的书之后惊叹不已，看完孔子的书则很失望，说还不如不看，他觉得孔子说得太简单了，都属于常识性的东西。但是伏尔泰不这么看，他认为孔子非常伟大。因为伏尔泰是做启蒙的，他反对僧侣主义，僧侣主义就是讲任何道理都要搬出上帝。而孔子说："己所不欲，勿施于人。"孔子没讲上帝，也没讲圣母，就是用人间的道理来解释人间的道理。伏尔泰说，孔子能把一个复杂的问题说得如此合情合理，上哪儿去找这么有智慧的人？黑格尔是学者，孔子不是学者，是圣贤，要把每件事都说得妥妥当当、恰到好处。

还有，中国越是伟大的大师说话越简要。就记住我两个字或三个字就行，五个字就算多。为什么？我觉得可能因为，给君王进言、写报告的人太多了。你必须一句话就把本质说出来，几句话就能把君王刺激得脑门子出汗。他才会对你有点兴趣。如果你用博导带博士生的做法，不出仨礼拜你就回老家卖白薯了。这种以一当十的高度概括性也增加了中国文化的玄妙性。毛泽东主席讲，要抓牛鼻子。就是说，你套一个环在牛鼻子上，一拉它就走了。要拴在牛尾巴上，你还没拉它，它就把你给拉趴下了，它劲比你大多了。这都可以看出，中国传统文化的思路，就是要找到一个穴位、一个集中点，我觉得这也是玄机的意思。

"心"好了,事就容易办好

张妮:您在书中写道:"十六字心传"保住了中华,保住了改革开放的成功。为何这么说?

王蒙:我最近在文史馆举行的论坛上有一个发言,专门讨论十六字的万世心传,或者叫作心法。它指的是《尚书·虞书·大禹谟》上所说的"人心惟危,道心惟微,惟精惟一,允执厥中",就此我想讲一点对于传统思维模式和价值选择模式的体会。记载说这是尧舜禅让时候的十六字真言,但是明清时期已经被确认为伪造,有关文字史料是汉代博士伪造的:前二句《荀子》里面已有,后一句则出自孔子的思想。但是它也已经流传了几千年,并且这些话说得非常好,清朝的乾隆与咸丰两位皇帝都有为其中名言的题匾。看来为中国传统文化定性并不容易,你说它是伪造的,比如岳飞的《满江红》据说也是伪造的,但它又是我们非常重要的文化遗产。我们既不必迷信它,又不能轻易对它采取一种轻视的虚无主义态度。

这十六字真言中有三条令人印象特别深刻,一个就是这句话把"天"和"人"结合起来、"道"和"心"结合起来,天人合一,道心合一。最关键的是世道人心,这是儒家的观点。实际上,这个观点一直到现在都有所体现,包括在中国特色社会主义生活当中、中国共产党的活动当中,我们仍然看得出来对"心"的重视。

为什么说"人心惟危"呢?因为人心是一个变量,它时时在发展变化矛盾动态之中。一方面,掌握权力的"心"是有危险的,可能碰到困惑,有可能上当、走上邪路。比如说高官大臣变成了人人喊打的贪腐罪犯。另一方面,民心也不是一成不变的,可以载舟,可以覆舟，可能凝聚强大，也可能出现问题。所谓大舜给夏禹的忠告就是认真谨慎地对待己心与民心人心，万万不可掉以轻心。故此毛主席喜欢讲"出以公心"，喜欢讲"全心全意"而不要"三心二意"为人民服务。

习近平总书记也讲"不忘初心""留住乡愁"，就是说我们应该有一颗讲理想讲信念的心，纯正的心。古人叫"正心诚意"。这个"心"好了，别的事就容易办好，这种想法是很有意思的。而这个"心"不要简单看成一个主观唯心主义命题，它是和客观规律相结合的。

"道心惟微"，这"道心"是非常微妙的，但是"道"在人的"心"里面，人才能够体会到是微妙还是不微妙，或者说找得着北，还是找不着北；可是反过来说，"心"又是在"道"里面，因为道的规律就是心的规律。道家说法中，"道"就是"天道"，道就是天，天就是道。天是自然的存在，天又是道性的存在、道性的体现。"道"是我喜欢用的一个字，是中华传统文化所培养、所寻求的一个"概念之神"，到了"道"就是终极了，既是本源也是归宿，既是规律也是存在，既是自然也是精神还是人文，既是信仰也是道德还是行政。今人讲的权力的合法性，在古人那里，叫作"合道性"。天下有道，就是政通人和，就是太平盛世。天下无道就会天下大乱。

"惟精惟一"就是你要下最大的功夫，你要对它保持最大的敬畏。你要如临深渊，如履薄冰，容不得半点差错。"惟一"还有一个意思是坚持到底，始终如一，而马克思对他的女儿说他最喜欢的品质恰恰是"目标始终如一"。

"允执厥中","允"是公允、深沉、谨慎、公正,这是允。"中"不见得是很多人解释的正中间,而是最准确的地方,"中"在这里也许更应该读第四声。我称之为中庸理性主义,很多国家都是经由一个从信仰主义的激情到科学、逻辑、理性的发展过程。"中"是孔子很早就提出来的,他说,小人反中庸而君子中庸。精神层次低的小人容易情绪化、片面、偏激,乃至于随大溜起哄,成事不足,败事有余。用现代语言来说,中庸就是反对极端、分裂、恐怖主义。就是如习近平同志十九大报告中所说的涵养理性平和的心态。

我非常喜欢的故事是《列子》中,子夏问孔子:颜回怎么样?孔子说颜回很仁,我比不上他。子贡怎么样?子贡雄辩,我比不上他。子路怎么样?子路非常勇敢,我也比不上他。子张怎么样?子张严肃庄重,我也比不上他。子夏就问那些方面你都比不上他们,为什么他们跟你学呢?孔子说颜回仁心强,但不知变通,就会成为妇人之仁、窝囊之仁;子贡善于辩论,但是他只知道说,不知道谦让,不知道该沉默的时候沉默;子路只知道"勇"而不知道"怯";子张有严肃的一面,但是不知道该随和的时候要随和,要和别人保持适当一致。

我们常常听到这样很有中国思维模式的说法,有些我们甚至觉得很俗气,但是这些说法都特别好。这种思维模式是全面思维方式,是周而不比、统筹兼顾,既要这样又要那样、既可以这样也可以那样的模式,是一种有巨大调整空间的思维方式。

从"人心惟危,道心惟微,惟精惟一,允执厥中"十六个字中,我们可以看出一个特点,就是中国这些学问家的名言都求简单,这十六个字已经算是非常多了,很多学者甚至希望最好只说一个字就能解决。中国"士"的最高追求是治国、平天下，所以孟子早就说"博学而详说之，将以反说约也"，最后目的就是简单化、简约化、实学化。为什么最后目的是简约化呢？因为中国学问是"经世致用"的。中国的这种"经世致用"、追求简略的传统，使我们看到"十六字真言"的时候，有时觉得伟大、可爱，有时又觉得简直没有办法理解，即便看懂也不见得真的懂了，包括我现在这样说，我也不见得真懂。你要找专家来，只"心"这一个字就可以讲很久；一个"微"字讲得就更多了。这是有好处的，话语越简单越有发挥和解释的空间，越有发展革新的可能。

在20世纪后半期，各个社会主义国家搞改革的时候，世界各国的政要只看好中国的改革，而坚决看衰苏联东欧。不管是撒切尔夫人、布热津斯基还是基辛格，他们都觉得中国的改革可能成功，但是俄国是绝对搞不成的，因为俄国是"非敌即友，非友即敌"的思维方式。所以，这种简约精粹又非常灵活的中华思想，其思维模式和价值选择模式是很有意义的。

不能把传统文化简单化、粗糙化

张妮：十九大报告强调，坚定文化自信，推动社会主义文化繁荣兴盛。您如何理解文化自信对道路自信、理论自信、制度自信的意义以及社会主义文化的内涵？

王蒙：一个国家、一个民族、一个执政党、一个政府的道路方向、理论论证、制度制定，取决于他们对国情与民心的判断，取决于他们对历史经验的总结与认知，取决于他们对世界大势与自身追求的评估，取决于他们的价值观、人生观、世界观、思想方法、集体无意识。一句话，取决于文化传统、文化发展与文化驱动。习近平总书记在十九大报告中指出："没有高度的文化自信，没有文化的繁荣兴盛，就没有中华民族伟大复兴。要坚持中国特色社会主义文化发展道路，激发全民族文化创新创造活力，建设社会主义文化强国。"对此，我们需要有更多的深思、热议、体悟，特别是对优秀传统文化的挖掘、开拓、消化、选择，把传统与现代、与社会主义的现代化、与中华民族的伟大复兴包括文化复兴结合起来。

张妮：说到文化自信，很多人的理解是对中国传统文化的自信。而十九大报告中指出，文化包括中国优秀传统文化、革命文化和社会主义先进文化。如何理解这几种文化的特质？

王蒙：十九大报告提出，中国特色社会主义文化，源自于中华民族五千多年文明历史所孕育的中华优秀传统文化，熔铸于党领导人民在革命、建设、改革中创造的革命文化和社会主义先进文化，植根于中国特色社会主义伟大实践。其实，革命文化也离不开传统，在中国，既有愚公移山的传统、替天行道的传统、载舟覆舟的传统、农民起义的传统、王侯将相宁有种乎的传统，也包括多行不义必自毙的传统判定。而社会主义先进文化，更与世界大同、天下为公的传统政治理想相呼应、相贯通。中华传统文化的活力在于其自强不息，与时俱进，见贤思齐。"变则通"与"苟日新，日日新，又日新"的观念正好能够与中国特色社会主义现代化的道路相对接，与改革开放的发展相适应，能够深入人心，成为一种凝聚力与前进能量，能够面向世界，面向未来，面向现代化。我们的文化课题之一，恰恰在于打通传统的、现代的、革命的、民族的、大众的、社会主义的，以及一切能够为我所用的文化果实与文化积累。习近平总书记在强调继承和弘扬传统文化的同时，从来不忘记强调对我们的文化传统要进行创造性转化和创新性发展。所以，不管是礼义廉耻、仁义道德、温良恭俭让也好，还是各式各样的美德也好，我们都必须和现代、和全球化、和改革开放、和生产力的大规模发展、和21世纪所表现出来的科学技术正在改变生活方式的现实结合起来。因为我们的传统文化本身是动态的，是需要不断进步、不断发展的。

张妮： 前段时间，西方万圣节与中国重阳节几乎同时到来。不少中国孩子穿上万圣节斗篷到邻居家要糖，但重阳节怎么过很多人不知道。我们对自己的文化是不是还不够自信？

王蒙： 这方面的情况近些年比原来好一点。因为国家把端午节、清明节、中秋节都立了假日。不过，我觉得对中国这些节日要有更多解释，内容也要丰富。过去中国节日很重要的一条就是吃。春节吃饺子，端午节吃粽子，中秋节吃月饼。现在光靠吃恐怕节日气氛不足以维系。吃饺子现在算什么呢？你去超市买200斤速冻饺子没人管你。我过去提过，像春节可以增加一些戏曲活动，过去春节期间唱大戏是很重要的，春节可以同时成为中国的戏曲艺术节。端午节也可以跟一些诗歌活动结合。重阳节的敬老活动还可以更加充实。但是也不用着急，不用悲观。我相信随着中国的发展，大家对中国文化的认知和重视会越来越强。

不过，不是一谈传统文化，幼儿园就马上开始背《弟子规》。再往下发展就开始争名人了。现在有人说李白是四川的，也有人说是湖北的,还有人说是河南的。还有几个地区争西门庆是哪里人。有的地方找到一个名人故里的典故后,就建一个生态园,里面有三间房是这个名人的字画和雕像,其他的是足底按摩等,反正都叫生态。我们要注意,不能把传统文化简单化、形式化、粗糙化,也不能跟着起哄。

王侠军

台湾艺术家、"琉璃工房"联合创始人。

我不是宋朝人,不是明朝人,不是清朝人,现代人的瓷器应该有现代的样子。

现代人的瓷器应该有现代的样子

编者按：一顶蓝色礼帽、小短辫、笑容含蓄，在游人如织的北京恭王府，台湾艺术家的气质使王侠军显得与众不同。他被誉为"现代玻璃之父"，先后创办"琉璃工房"和"琉园"，将两岸三地的玻璃艺术工艺和产业从无到有，带出全新蓬勃活络的荣景，向世界展示具有中华文化特色的玻璃风格。2005年，连战和宋楚瑜首次访问大陆时所赠送的近50件最高规格礼品，都是王侠军的玻璃创作。如今，王侠军创办"八方新气"，历经12年坚持不辍的研发和创作，开启了另一扇崭新的大门——白瓷。2016年在恭王府展出的近百件作品中，他以大平面、九十度直角、悬吊把手等全新造型和技法，挑战千年中国瓷器的不可能。"我不是宋朝人，不是明朝人，不是清朝人，现代人的瓷器应该有现代的样子。"王侠军对《环球时报》记者说，"我希望做当代的官窑，让中国瓷器'站'起来。"

给婉约的瓷器融入君子的气韵

张妮：您因为玻璃被大家熟知，现在为什么转做瓷器？

王侠军：玻璃和瓷器是两个不同的概念：一个实，实心的；一个虚，空心的。一个是五彩缤纷，透光的，一个是不透光的。玻璃在中国的工艺里本来是非常边缘的，既然我们能打开玻璃的世界，瓷器是不是也可以再往前一步？中国瓷器曾经独领世界风骚，代表了国家的竞争力和文化的高度。这么伟大的民族工艺，应该好好传承，同时赋予它一种与时俱进的动能，打造属于这个时代美学经验的作品。

张妮：何谓"当代官窑"？其当代特质体现在什么方面？

王侠军：中国最高级别的瓷器概念就是官窑，我们希望带着不惜代价的官窑激情，展现瓷器的新面貌。从美学角度看，过去所认定的瓷器最高标准，是古典、华丽、优雅、圆润、委婉，像女性的感觉。而这个时代的特征是节奏快，每个人都有独立的自信。我希望把当代这种利落、刚毅、线条的感觉融合在瓷器里，把男性的氛围掺进来，产生一股豪迈的气韵和顶天立地的力道，让它刚柔并济，阴阳调和。中国瓷器从东汉末年至今，都是用底部"坐"在桌上，我们给瓷器增加了两只"脚"。

此外，我所打造的生活物件也跟现代生活息息相关。在岁月的过程中，物件可以带我们感受生命的丰富和情趣。比如设计茶杯的把手时，不应只是用手指勾着，而是用拇指和食指轻轻捏起。这样，人们就端庄起来，回归喝茶的仪式感。我曾在一个博物馆看到唐朝为了把毛笔头收拢，专门做了一个类似笔嘴的物件，这样的讲究就是要让生活更有趣。这次恭王府的展览更是凸显了这一精神，因为王府文化代表了一种考究的生活态度，对生活的每个细节都非常讲究。

把每个作品当房子盖

张妮：瓷器在日本、韩国和欧洲都有一定创新，但为什么在发源地中国一直缺乏突破？您是如何做到的？

王侠军：主要是工艺上的阻碍。做玻璃有十几种不同工艺，我选择的是玻璃的失蜡法，但瓷器只有一种制作方法。因为瓷土在 1300 摄氏度高温瓷化时会产生 15% 的巨大收缩龟裂和软化塌陷现象，所以桶形是最简单、最保险、成功率最高的。这也就是为什么放眼中外，瓷器的形制总是以浑圆封闭的筒状腔体为主，即便有所改良也是在原来基本造型的基础上做的，只是图案花样更现代，但我们是从骨子里去革命。

我们把每个作品当房子去盖，一件小小的作品往往需要十几个支脚架支撑，掉下来的要把它撑住，扭曲的要把它扣住。支脚架要根据不同作品需要的角度和大小量身定做。正面烧不行就倒过来烧，倒过来烧不行就侧过来烧、吊起来烧。虽然我现在 5 秒钟就讲完了，但实际上我们随便转个身可能就要一个月，因为所有配套的东西全部要重做，成功率只有个位数。而白瓷比其他瓷器难度更大，因为我使用的是透明釉，不容许任何一点点瑕疵。

刚开始研发的那三年几乎灭顶，什么都做不出来。如今能有所突破，我想主要因为我是门外汉，初生牛犊不怕虎，不知天高地厚、不自量力。当时的我根本不懂什么是变形、扭曲、龟裂，只是单纯从对美的渴望和坚持出发，希望能实现、能改变。

张妮：好瓷器的标准是什么？您希望通过瓷器表达怎样的人生态度？

王侠军：清代盛大士《溪山卧游录》谓："画有三到：理也，气也，趣也。"好的瓷器也是如此。理，就是设计理念，要讲出道理，要有论述。气，就是气质，线条比例是不是优雅。趣，就是弦外之音的趣味，意涵更重要。比如，《英姿》这个作品表现的是成功者的姿态，它的口是张开的，代表做事业要有辽阔的心胸，海纳百川；要有肩膀，能担当；平面代表面对挑战用它来挡。

我希望每件作品都是中国文化里君子的样子，非常坦然，开诚布公。其实瓷器表达的是一种气韵，当你感到沮丧时，如果有一种豪迈的力量，可以提振你的士气。有位企业家收藏了我们的"单脚佛"，他说每次非常焦虑、烦恼时，他都会跟它对望3分钟。佛家告诉我们不要执着，不要钻牛角尖，该放下的时候要懂得放下。

当代为什么出不了大师

张妮：为什么很多当代艺术作品看起来光怪陆离，甚至有点丑？

王侠军：当然不会每一个当代作品都如此，但确实有些作品是这样，有些是卖概念，有些是代表当时思潮的某一种符号。当初油画从古典派到印象派，很多人都觉得怪异，不习惯。以前光线那么稳定，现在光线怎么跳来跳去，那么热情。当时印象派大师梵高的作品，都没什么人认可。现在他的画价格贵得不得了。人们需要时间去熟悉，慢慢就可以接受、理解了。当然有很多新的艺术形式经不起时间的考验，就消失了。能传世的好的艺术品，最终反映的绝对是这个世界的本来规律。像我是50岁才开始做瓷器，我要做得心安理得，除了美，其中起码要有超值的工艺技术含量，看的是一百年、二百年后的意义。

张妮：很多人认为这个时代很难出艺术大师，您是否认同？

王侠军：是，大师本来就很难诞生。大师的作品很多人都可以接受，这说明，无形中他的阅历、积累的容量遍布每个角落。过去社会分工比较少，人比较通才，容易跨界。像齐白石大师就做过木工，生活经验很丰富，心胸宽广。而现代社会分工越来越细、人们的视野比较狭隘，只是那么一条线，那么窄的一根针射出去，很难打动人。

真正大师的作品如行云流水，出神入化。就像巴西的球王贝利。别人踢足球多辛苦，他却好像在跳舞，跳着跳着就踢进去了。巴西的小孩从小就踢足球，踢飞到屋顶上滚下来也要拼命接住，绝不落地，他们对足球已经熟练到跟自己化为一体了。中国人讲天人合一、炉火纯青、出口成章，大概就是这种境界。

王陶

走上世界T台的中国时装设计师王陶。

只有龙凤呈祥、大红大紫才叫中国文化吗?你不能说唐朝的金碧辉煌就是中国文化,宋朝的雅致内敛就不是;也不能说象征龙的皇帝时代结束了,中国文化就没有了,现在的中国社会就不是中国。中国文化是在骨子里、血液里的,是一种说不出来的东西。

中国时尚不应照搬"传统文化"

编者按：2017年纽约时装周上，有一位中国设计师格外受关注。年初，在美国总统就职典礼上，特朗普的二女儿蒂芙尼穿的白色西装正是她设计的，从那以后，她的名字王陶，以及她的品牌 TAORAY WANG 开始被美国媒体关注。在中国设计师走出国门的案例中，这并不多见。王陶到底是一位怎样的设计师？她眼中的国际时尚和中国文化又是什么？

我告诉海外媒体：我是中国的品牌

张妮：您和特朗普女儿蒂芙尼如何相识，她又因何挑中您的服装出席总统就职典礼？在此之后，您的生活有什么改变？

王陶：我第一次和蒂芙尼见面是在2016年的纽约时装周，她之前从朋友那里偶然看到我的衣服，觉得很好看，就来到我的秀场。那场秀结束后，她到后台对我说：你设计的衣服很漂亮，很多衣服我都想穿。我说：如果你想穿，我可以帮你定制。这样，我们就有了第一次接触。后来，她穿我设计的衣服参加了当时美国总统竞选的几次辩论，日常生活中很多衣服也是穿我的品牌，但很多人看不到。被大多数人看到的是，在特朗普总统白宫就职典礼上，她穿了我为她定制的白色西装。其实，那套衣服是我给她设计的四套中的一套，她当然也有其他品牌选择，她也没说就职典礼那天一定会穿我设计的服装，可能她到最后一刻才做出决定。我和所有人一样，在看电视直播时才知道她选了我的衣服。我看美国媒体的报道，对蒂芙尼当天的形象评价很正面，认为她充满自信和优雅，我非常高兴。

大家对这件事的兴趣之大超出了我的预料。很多人会比较关注这个品牌，国际媒体的采访哗啦啦都来了，让我应接不暇。在谷歌上搜索我的品牌，搜索排名最多的是：哪里可以买到。

张妮： 美国总统就职典礼上，总统家族的服装通常是本土设计师品牌，这次选用中国设计师品牌，您对此怎么看？

王陶： 的确如此，我是一名地道的中国设计师，这次给了我很大信心。虽然我在海外生活了很长时间，有英国的永久居留权，但我的公司在上海，我的国籍是中华人民共和国，我从来没有换过，也没想过要换国籍。我一直觉得做中国人特别好，为什么要去起一个外国名字？有的品牌明明是中国品牌，一定要跟外国人讲自己是从法国来的、从意大利来的。我从走进纽约的第一天，就告诉海外媒体，我是中国上海的品牌。美国有一些电视主播也是我的客户，她们说：当我身上穿着上海制造的很高档、很好看的衣服时，我对中国制造有了一个全新的认识。这番话让我真的很感动。

设计师最重要的品质：遵从内心，独立思考，永不放弃

张妮： 您当初为什么想当设计师？设计师最重要的品质是

什么?

王陶: 我从小就喜欢剪东西,小时候把我们家的床单都剪烂好几块。我父亲是话剧演员,母亲是医生。做设计师这行家里人并不认同。后来到了日本,我的养父母是公司职员,他们也说你的成绩很好,为什么不去找一份好工作,要混这种行业?但我这个人一直比较任性,属于那种自己想干的事谁也拦不住我的类型。后来,在日本师从设计师小筱顺子,她是皮尔·卡丹之后第二位进入中国市场的国际设计师,但她的女装比较戏剧化,我就做了她的男装品牌,并对西装情有独钟。1998年,我辞去日本的工作去了英国。在英国,亚洲设计师几乎拿不到工作签证,我拿了4年的工作签证,但没拿到我想去的男装公司的签证,去了一个女装公司。后来我回到中国,在这家女装公司从设计总监做到总经理。2014年,该女装公司的创始人和我共同创办了新的服装品牌,这是我一直向往的高端定制品牌。

我认为,设计师最重要的品质是,遵从内心,独立思考,永远不放弃,认真刻苦地做事情。我坚持自己喜欢的东西,一直做下去,不要太去算计、计划,把一切交给上帝。我没有想过成为一个有名的设计师,我最开心的不是我的名气有多大,而是别人穿了我的衣服后说:我简直变了一个人。那时,我得到的喜悦是无与伦比的。

张妮: 您的品牌更多服务的是女性领袖,这个群体的需求有什么不同?

王陶: 其实,这个品牌不仅仅是卖衣服的品牌,更是一个给全球精英女性打造造型服务的顾问。现在的人不缺衣服,而是不知道怎么穿。我在女装公司做董事会成员后,更多地理解了这个职位的人的需求。这种类型的女性角色，要求你要高效、干练、公平，可以感染别人。除职业要求外，你还要有自己的性格、个性，如你的教育背景、肤色。再加上你出席的场合不同，比如，是去开董事会、去谈判，还是去参加慈善晚宴，穿着的风格都不同。我会综合这些因素，给你打造一个专业的造型方案，告诉你该怎么穿。在衣服好不好看之前，一定要穿对。

我是现代女子，不能这么妖娆地穿着旗袍穿梭在国际都市里

张妮：现在，国际知名的服装品牌都来自欧美，几乎没有中国品牌，中国的服装产业到底欠缺什么？

王陶：现在会看好东西的人多，但会做好东西的人不多。能做出来需要长期的经验积累。衣服做得好不好，对面料、版型、工艺、整体美感等技术的要求很高。中国服装产业在专业化方面做得不够，还停留在生产、物流等产业的最底端，而西方擅长的是设计、品牌，处在价值链的最高端。

张妮：上海制造曾经是中国时尚的代名词，后来为什么逐渐落寞了？东西方审美存在什么差异？中国的时尚和审美如何才能提升？

王陶：20世纪二三十年代，上海制造是高品质的象征。后来为什么慢慢变得有些落寞了？我想，这和国家的经济实力关系密切。你能吃饱穿暖的时候，才会追求穿得漂亮、时尚。没有这两层垫在底下，审美恐怕是上不去的。现在，中国经济好了，时尚审美慢慢会更好。还有一个重要原因是，很多人有一个错觉，认为中国文化

就应该是中国传统文化。但是，谁能说得清中国文化呢？只有龙凤呈祥、大红大紫才叫中国文化吗？你不能说唐朝的金碧辉煌就是中国文化，宋朝的雅致内敛就不是；也不能说象征龙的皇帝时代结束了，中国文化就没有了，现在的中国社会就不是中国。我认为，中国传统文化的很多象征并不代表完完全全的中国。中国文化是在骨子里、血液里的，是一种说不出来的东西。比如，中国人行为做事的作风、价值观等，只能意会不能言传。我喜欢用真丝做衣服的里衬，喜欢用红梅喜鹊的提花。因为我的客户多是各界成功人士，她们希望穿的衣服是带着喜庆吉利的。但不是说一定要把喜庆吉利穿在外面，自己知道就可以了。这是中国文化很强的特点，就是内敛不张扬。不用说出来，不用那么使劲。

我特别喜欢张爱玲的小说，她对旗袍细节的描写，比如镶边、胭脂红、秋香绿的那种表述真的让我倾倒。但是，我是一个现代女子，不能这么妖娆地穿着那种旗袍穿梭在国际都市里。如果你坚持做这些东西，世界就不认识你了。如果我们一定要坚持把中国最传统的东西原封不动地去发扬光大，离世界就越来越远了。

其实，西方也有很多东西是破落的，像洛可可时代、拜占庭时代的服装文化都留不下来，现在也没有人穿。现在这些慢慢兴起的服装，最终都是适应时代的。我最崇拜的偶像是香奈儿，不是现在的香奈儿服装品牌，而是它的创始人香奈儿。我觉得她对时尚一个最大的贡献是抛开了传统。她生活的那个时代，很多女装是裙子，里面要用骨架垫起来。香奈儿觉得很不方便，就将男士的骑马装引入女装。这真的是革命性的。她是一位与时俱进的、识时务的、对时尚有革命性贡献的设计师。

方文山

台湾著名作词人,代表作《青花瓷》等。

我不晓得谁给我加上"音乐诗人"或"文字大师"的头衔,我就是文字工作者而已。我不认为自己有天分,是靠后天学习的累积。

我的直接创作养分来自宋词

编者按：歌词可以有如此美的文学意境："天青色等烟雨而我在等你，月色被打捞起，晕开了结局。"歌词也可以有电影桥段般的画面感："古巴比伦王颁布了汉谟拉比法典，刻在黑色的玄武岩，距今已经三千七百多年；你在橱窗前，凝视碑文的字眼，我却在旁静静欣赏你那张我深爱的脸。"能写出《青花瓷》《爱在西元前》这样歌词的人，到底是从哪里来的灵感？《环球时报》记者在北京一场活动上偶遇它们的作者方文山，他这次有点跨界——为"京东文学奖"当评委。前进帽、牛仔裤、花上衣、山羊胡……扑面而来的台湾流行音乐风格和同台的大陆作家画风明显不同。不过，中华民族的传统美德谦逊同样体现在他身上。"我不晓得谁给我加上'音乐诗人'或'文字大师'的头衔，我就是文字工作者而已。我不认为自己有天分，是靠后天学习的累积。"方文山在接受《环球时报》记者专访时说。

歌词里有很强的文学意境

张妮：你的歌词有很强的画面感和文学意境，据说你将歌词当成电影脚本去营造。你如何在文字之内与文字之外获取灵感与养分？

方文山：我很喜欢强调所谓的画面感，因为画面感会让歌词有一个结构，这个结构会让人家进入故事里面。不过，我并不是把每一首歌词都当作电影脚本去经营，那样也太累了，而且没必要。像《青花瓷》这样的歌，因为要呼应瓷器和器皿制造的过程，才会把它当成电影脚本经营，要去收集资料、消化资料。一般大多数状态下，流行音乐的歌词只是一种情绪而已，只是一种意境的营造，不需要收集资料。

歌词里有很强的画面感跟文学意境，某一部分是来自我早期的编剧训练，因为之前我参加过一些编剧的课程，它强调人、时、物、景，这些东西久而久之就会变成歌词创作的一个技巧，或者是文字上的画面感。

我的创作养分其实更多来自阅读，因为阅读会让你看到不同的世界。比较直接的养分其实是宋词，因为宋词里面一些文字的画面感很美；或者一些诗歌，也会变成创作的养分。

张妮：你被称为"音乐诗人""文字大师"，但你没有上过大学，对文字的把握更多是天分吗？真正的人才培养是否不需要传统的教育方式？

方文山：我不晓得谁给我加上"音乐诗人"或"文字大师"的头衔，我就是文字工作者而已。至于说对文字的把握，我不认为我有天分，是靠后天学习的积累。学习的累积会反映在你的创作上。

我确实没有上大学，可这并不代表上大学不重要。因为上大学后，你可以认识同阶层、同频率的人，对你以后的人际关系是有意义的。学校的传统教育是基础，任何人都需要基础，只是说如果你自己热爱某一个领域，不管是设计、摄影，还是文字、音乐，你会自发地去吸收、主动去学习,那个热度和强度是最强的,不是学校教育可以提供的。学校教育就像打地基,地基打得深,楼才盖得高,所以学校的基础教育是有意义的,可是自己的外墙盖成什么风格,就要看你后来喜欢哪个领域的创作,自己有没有自行去吸收。

学习不是只能在学校,在社会上也可以,你去看展览、看电影、看小说,听不同的音乐,这些都是学习,就在于你是把它当休闲还是学习。如果是休闲,可能只是享受;如果是学习,就会从里面发掘出需要的养分。就好像同样看一部电影,有些人只是当休闲娱乐,有些人就把它当作某种程度的影像功课,他会去看剪辑,看分镜,看配乐,看演员的演技,这其实都是一种吸收,就在于你的心态。

同样看一部电影,你把它当娱乐还是学习

张妮:在《演好自己的偶像剧》一书中,你说一个人最大的悲哀是不想当自己,永远羡慕别人。为什么会有这样的感悟?

方文山:当初我写那本书是有点励志性的,因为自己工作这么多年,一定有一些观察、心得、经验可以提供给年轻朋友参考。一个人最大的悲哀本来就是不愿意当自己,因为你根本就觉得别人什么都好:别人的颜值比较高,别人的身材比较好,别人的学历漂亮,别人的出身背景比你有优势……在你根本就不想当自己的状况下,你怎么会经营自己的人生,你怎么会去认同自己的生活?在没有自我认同感的状况下,你怎么会去想要达到什么目标,你怎么会觉得未来有希望呢?每个人都是独一无二的,就像指纹、DNA 一

样，每个人都有独一无二的人生，你就是在演自己这出人生的偶像剧，每个人都是自己偶像剧里面的主角。每个人都是有故事的，不要去羡慕别人的故事，因为别人的故事背后隐藏着什么挫折、什么困难、什么不能让外界知道的事，你永远不知道。你只看到别人光鲜亮丽的那一面。有句俗谚：家家有本难念的经，大概就是这个意思。所以我才得出这个所谓的结论，希望激励年轻朋友。

台湾流行音乐的影响力会降低，这是一定的趋势

张妮：最近几年，你开始尝试拍电影，尝试之后什么感觉？拍电影比写歌词难在哪儿？未来会以电影为主，作词为辅吗？

方文山：首先强调，其实没有什么为主或为辅，就看工作安排，只是说跨领域创作吧。歌词是跟音乐结合，电影是跟影像结合。这几年我之所以跨领域，是因为歌词的文字很短，就是配合一首歌的长度，四五分钟其实说不了什么完整的故事，它没办法有伏笔，没办法有人物关联，也没办法有人物的性格，会觉得可惜。而影像创作会比较完整。拍电影跟写歌词差异性非常大，歌词一个人就可以独立完成了，一台电脑，一个晚上，一首歌就出来了。但是，你想要拍一部电影，那太难了，剧本的撰写，演员的遴选，资金的筹备，后期的剪辑、调光、配乐……忙起来起码要半年。而且拍电影会跟很多人互动，不是一个人说了算，不是一个人可以独立完成的，你必须依赖摄影师、导演、演员、编剧，甚至要找到对的制作人、场景、美术、灯光。可是写歌词、写小说这种文字创作就单纯多了，只有你跟文字对话而已。

张妮：在你看来，台湾的流行音乐产业有什么优势？目前存在什么问题？未来的发展趋势如何？

方文山：台湾流行音乐产业的优势在于独特性吧。因为在台湾这块土地上，它的美学养分跟大陆可能会多少有点不一样，就像香港一些比较港式风格的流行音乐，它多多少少会有市场的区隔，这种区隔是地域文化造成的。举个例子，若有纪录片要拍华语流行音乐史，若少了台湾的流行音乐，这个纪录片几乎就不能拍了，因为台湾的华语流行音乐几乎没有中断过，很完整，一直到现在还在大中华地区有一定影响力。不过，大陆的流行音乐发展非常快速，就现在而言，类型比台湾多元，有民族风的、大西北的、民歌、美声、民谣、重金属、摇滚乐，等等。我觉得，因为大陆的人口基数很大，所以它的音乐类型和分众市场比台湾丰富。相对来说，台湾的问题是太单一，很强势的主流流行音乐目前在台湾还是居于市场的领导地位，这会削弱其他多元的音乐题材，会很可惜。未来，我觉得内地的音乐市场会慢慢成熟，台湾的音乐产业优势会慢慢衰减，它永远会在，只是它的影响力会降低，这是一定的趋势。

冯满天

中央民族乐团中阮演奏家、国家一级演员，2014中央电视台首届"出彩中国人"年度总冠军。

民族音乐是这个民族最核心的价值观。在这里，你能听到中国人的善良、包容和美。别人听这个民族的音乐，就能触摸到这个民族心灵最真实的部分，他才能尊重这个民族，爱这个民族。

中国民族音乐要有自己的价值观

编者按： 这是什么？水晶。冯满天用小锤轻敲了一下悬挂着的锥形透明体，纯净空灵的声音立刻回荡在他的工作室，久久未散。"你再听这个，从尼泊尔买来的钵，里面有陨石成分。""这个锣有帝王之气，是德国人用心打造的中国锣，可惜不是中国生产的。"54岁的冯满天像个孩子，在自己的乐园里向《环球时报》记者演示他心爱的"玩具"。"我是声癫，一听到好听的声音就直眉瞪眼，必须买下来。"当然，最让他痴狂的是阮——一种曾叫作月琴的、失传百年的民族乐器。冯满天让很多人印象深刻的表演是：弹着古老的阮，唱着崔健的《花房姑娘》。自从几年前获得《出彩中国人》总冠军后，"阮痴"成了明星。但让记者颇感意外，这位明星的工作室并不宽敞明亮，更非富丽堂皇，而是在自家楼下的地下室。"原来工作室在楼上，后来房租涨了，就搬到地下了。"冯满天一边说，一边熟练地给阮续上新弦，"这就是民族音乐的现状，它处在中国音乐圈的最底层。不过，还有希望。"随后，他调暗灯光，闭目抚琴，温暖、婉转的音乐如山泉般缓缓流出，没有忧伤、愤怒、悲喜，正像那首曲子的名字——《天高云淡》。

把自己想象成一朵花

与电视节目中大褂、唐装的古典形象不同，记者在中央民族乐团演出《玄奘西行》的化妆间见到冯满天时，他穿了件白色紧身T恤，脖子上围着浅灰色的亚麻小围巾，时尚有范儿。这个来自哈尔滨的汉子爽朗随性，让人一见如故。冯满天说，自己学阮有两位老师，一位是父亲——月琴大师冯少先，另一位是唐朝诗人白居易。"我6岁学琴，15岁考入中央民族乐团。乐团发给我一把阮，那时弹阮多为伴奏，声音单调，我觉得自己像一个精准的工人，很无聊，也不知道该怎么弹。"后来父亲寄给他一首白居易的诗：（阮）"非琴不是筝""初闻满座惊"。他一下子明白，原来，阮既是琴也是筝，集古琴的深沉内敛和古筝的明亮华丽于一身。但当时他手中的阮似乎不是那个音色。于是，他从日本找到唐朝阮的复原图，开始研究改造阮，终于找到了那个声音。他还去学琴和筝，把古琴、古筝、吉他的技法和韵味为阮所用。"父亲教给我技，白居易让我学会了意。"

冯满天弹琴时总是闭上眼睛，让自己进入一个更广阔的空间，另一个维度。"我把自己想象成一个植物、一朵花，我能感知到温度、阳光、气氛，但不起念。真正的音乐是自然界中爱的声音，就像植物对人的爱，不造作。"

多年后，冯满天才得知，白居易听阮是在一位宰相家，相当于文人的聚会。所以，阮在当时是士大夫阶层才能听到的乐器，属于文人音乐，是"风雅颂"里的"雅"。"这种高端音乐是文人自我修行的一部分，现在，红白喜事那些市井音乐活下来了，那是'风'，但'雅'的东西找不到了，音乐真正的心灵价值被很多人忽视了。"他看着《环球时报》记者说，"比如，我看到了你，用什么语言能精准地表达我此时内心的感受？音乐就可以做到。"虽然现在很多家长送孩子去学民族乐器，但在他看来，有的家长目的性很强——万一孩子考不上大学，也算有个特长。"他们是为了利而去，其实那是小利，而对于人生感悟这个大利，一些人认为一钱不值。"

什么是民族音乐的价值观

冯满天喜欢即兴弹奏，于是，他邀请《环球时报》记者到自己的工作室，听听他真实的音乐。演奏座椅旁边的桌上放着一个黄金摆件——昭君出塞，美人怀中抱着一把阮。据他介绍，王昭君出塞带走的是阮，即起源于秦汉的汉琵琶，而很多古画都画成了西域琵琶，也就是现在的琵琶。"实际上，丝绸之路上中国输出的第一件乐器就是阮，是我们送出了汉琵琶，才带回西域琵琶。所以，我特意定做了这个雕像。""明清时期，阮失传了。当然，中国失传的不只是阮。我觉得一个乐器失传不可怕，可怕的是价值观失传。"冯满天说。现在，衡量中国民族音乐的标准完全是西方的——和声、节奏、律动、谱子……中国的价值观在哪儿？他给记者讲了一个亲身经历。多年前，还在组乐队，和唐朝老五、臧天朔等人一起玩摇滚的他在外演出时，遇到一位德国音乐家。那位音乐家说："你弹一首你们国家的曲子。"冯满天用吉他弹了一曲，那人摇头，他又弹了阮的曲目，那人依然摇头："这个曲式是我们的，和声也是我们的。""我怎么弹他都说不是。那次他把我扒得一件衣服都不剩，遍体鳞伤，我在心里哭泣，为我的民族哭泣。"

之后，冯满天疯狂寻找到底什么是中国音乐的价值观。后来，他终于找到了中国古代最早的音乐理论著作《乐记》。里面说：乐者，德之华也……唯乐不可以为伪。"政治可以有伪，经商可以有伪，军事可以有伪，只有音乐不可以有伪。乐由心生，音乐里没有彼此的担心、猜疑。音乐的源头就是善良、真诚。这是秘密，也是王道，是这个民族的初心。我觉得我找到了中国音乐的价值观，有价值观自然会有态度。"

有了态度，冯满天把很多事看得更清楚了。"现在，一些人弹奏乐器有炫技成分。业精于勤，荒于嬉。炫技是嬉，low啊！没有音乐才炫技，没有内容才在形式上找。"不只音乐，他认为，中国的一些美术、舞蹈等也无比空洞，动作很多但没有内容。主要原因是，新中国成立后，中国主流的艺术学院都引进了苏联式教育。"我们本来有自己的一套体系，但这个体系现代人已经摸不着了。古代的'樂'字也读 yào。音乐诞生的时候，是为了医心，是内省的钥匙。就像身体出了问题，需要吃药。中国古人的音乐是一种思维、感受、情感，没有逻辑，也没办法策划。这种音乐是即兴的，当下是什么就是什么，实时更新，当下交流完这种感受就没有意义了。因此，中国古代很少有乐谱留下来。留下来的只是个回忆。因为音乐永远有新的。"冯满天说，中国现在的音乐都是从西方的曲式、旋律、结构、故事学来的：一定要事先策划，要有逻辑、有主题。好像不这样做就不是音乐。"我们不能说哪种音乐更高级，但是，如果用西方的体系来审视中国音乐，用西方的标准往中国音乐的价值观上套，是非常不公平的。凭什么莫扎特说了就算，嵇康就不咋地？用心说话你会吗？按人口比例，世界知名的中国大音乐家应该有3500个以上，可我们就出了一个郎朗。"

冯满天还总结了东西方音乐的其他不同：中国乐器是五声，怎么弹都和谐，而西方乐器是七声。吉他是六条线五个音，阮是四条线两个音。"越简单的东西，留给你的空间越大。老外听不到这种声音。二胡越来越创新，其实它本身的两个音就足以把人拉出眼泪来，画蛇添足。"

"没有自己的文化价值观，何来文化自信？民族音乐是这个民族最核心的价值观。在这里，你能听到中国人的善良、包容和美。"冯满天变得严肃庄重起来，"别人听这个民族的音乐，就能触摸到这个民族心灵最真实的部分，他才能尊重这个民族，爱这个民族。"

民族音乐脱离了观众

"您会不会成为中国民族音乐的郎朗？"面对《环球时报》记者的提问，冯满天摇摇头："差远了，我的微博粉丝才8万，别人都几百万、上千万。再说出场费，民族乐器里我算比较高的，和其他娱乐明星比，我比较少。凭什么民乐演奏家处在中国音乐圈的最底层？是我们抛弃了观众，还是观众抛弃了我们？我认为，是民族音乐脱离了观众，老百姓不爱听。"他说，"为什么大家愿意听摇滚？它真！伪就和观众有距离，就没有市场。还有，搞摇滚乐、流行乐这些人玩命也能出来，因为他要养活自己，而民族音乐在某种程度上被养起来了，吃不饱也饿不死，很多人再也没有思考了。"

冯满天现在自己能吃饱，但感觉压力很大，压力主要来自推广。"一位德国汉学家对我说，你继承了中国古代的精神，有责任告诉别人，你的音乐是怎么来的。我是受他启发才想推广民族音乐的。要没有这个义务，我就在山上买个小院子，给天空弹琴，何必被这个评那个评的。"但推广民乐不是件容易的事。弹唱《花房姑娘》并不是冯满天真正想表达的东西。"大家不是喜欢摇滚吗?来吧,好像民族乐器不能玩摇滚似的,挺好玩是吧?还有比这个牛的。我想通过这种方式把老百姓吸引过来,逐渐给大家展示更高的音乐境界。民族音乐是这个民族的灵魂,要用现代的表现方式让中国古老的文明和这个世界、这个时代发生强烈关系。保护传统文化最好的方法就是去发展它!"

除了上电视节目,参加真人秀,以后还希望通过什么方式推广阮?"随缘,有搞市场运作的人找过我,想把我按照纯商业的模式包装——做广告,给这个小鲜肉伴奏,跟那个明星合唱,怎么俗怎么来。"冯满天点上一支烟,"他们没有中国古典音乐的价值观,我不能丢掉它,虽然那样做可能会给我带来很多钱,但我不开心,那不是我的初心。要是把利放在前头,我早干别的去了。"

山下,山上

最近一两年,冯满天没怎么做商演。"我得想想,我有点小自私,怕太闹得慌,打扰了我的心境。有商业没老冯了,哈哈。"他仰天大笑。笑毕,深吸一口烟,缓缓吐出。"但后来我想明白了,"他的眼神里透着一种希望,"上山我有上山的音乐,下山有下山的音乐。下山是玩,上山是修行。"

冯满天将自己的音乐分成"山下"和"山上"。山下,人在谷里,是"俗",是入世的状态。"俗就是遇到缘,不以俗为贬义,是正常的。我可以和这些市井的、各种各样的音乐一起玩。"山上,有人，为"仙"，是出世、修行。仙，一定是人与山和、人与天和、人与自己和。这是人与自然、宇宙本来的关系。你有你的，我有我的，相得益彰，不恐不惧，顺应自然。

"我的'山上'音乐是四维的，是给潜意识听的。阮其实是一把钥匙，打开你的潜意识，让你找到灵魂，忘却肉体。"冯满天说。"山上"音乐是一种思想、感受，没办法用语言说出来，它超越了哲学，让我们通过音乐直接感知自己的灵魂，感知生命的本源、生命和自然的关系、生命和其他生命的关系，而不是后天的那些东西。"其实，肉体本来就是要永远留在尘世中，我们活着的时候能不能抛弃肉体，让肉体中憋着的灵魂回到宇宙中去？那就'山上'见。"

石大宇

设计师、杨澜LAN珠宝品牌艺术顾问,德国"红点奖"获得者。

榫卯代表的是中国的设计观,是"让"的精神。而西方的设计在将两块木头连接时,通常直接用钉子打进去,他们的设计态度直接、冲撞、颠覆,是傲慢的。

榫卯设计，代表中国"让"的精神

编者按："你可以躺上去试试"，面对石大宇太太的热情邀请，《环球时报》记者半信半疑地缓缓躺在那个用竹条做成的床塌上。没想到，如此结实还有微微的弹性，身体与纯天然的材质亲密接触，有种说不出的舒适。这件作品叫"榻梦轮"，它的设计者是石大宇，出生于台湾的美籍华人产品设计师、杨澜 LAN 珠宝品牌艺术顾问。十年前，他与这种只生长在东方，尤盛产于中国的植物结缘，从此一发不可收。从"椅君子""椅刚柔"到"椅优弦"……凭借独一无二的全竹质家具设计，他囊括德国联邦设计大奖、德国红点奖、德国 IF 设计奖、中国设计红星奖等国内外顶级设计大奖，被《福布斯》杂志评为"中国最具影响力设计师 30 强"。为了发展属于中华文化的原创设计，2010 年他把台湾"清庭"搬到了北京。"我做的竹设计不用一颗钉子，连接处全部是榫卯结构。榫卯代表的是中国的设计观，是'让'的精神。而西方的设计在将两块木头连接时，通常直接用钉子打进去，他们的设计态度直接、冲撞、颠覆，是傲慢的。"石大宇对《环球时报》记者说："作为中国设计师，我想找回自己的文化基因和设计母语。"

身为中国设计师，我只能说才 10 岁

张妮：您在美国求学、工作 30 多年，为什么后来想回国做设

椅君子

椅屏·袍正
侧面打开图

榻梦轮

计？几年前，您把事业和生活重心转移到北京，出于什么考虑？

石大宇：我们当时选北京，因为这里是中国的文化、政治中心，更多是以文化据点而非商业利益作为考量标准。我真正想探讨的是中国人怎么做属于自己文化的设计。学设计的华人，不管是在内地、香港、台湾，学的通通都是西方人那一套。我们的教育体系基本上不教中国设计。其实中国文化以前胜过西方很多，但19世纪末到20世纪初，中国除了自身的败坏，遭遇一连串失败和苦难，被西方人欺负、掠夺，还对自身文化产生了自卑感。我们这个年纪的人就是在一个扭曲的时代长大的。我父母于1949年以后从大陆到台湾，我的祖籍是重庆。但重庆对我来讲，就是地图上的一个地方，我没有看到过，也接触不到，感觉虚无缥缈。在台湾，我们说自己是中国人没有用，被打上一个标签——外省第二代，没有家，没有根。在这么扭曲的环境下长大，我们找不到认同。做不了中国人，做台湾人又不甘心，台湾只是中国的一个省。所以，从小就被教育要到西方去学习。1986年，我就离开台湾到纽约学珠宝设计。

"在美国，希望被接受就要把属于自身母语系统里的所有痕迹全部抹干净，西方对亚洲人或中国人任何丑化的形象我都不可能使其出现在我身上。念完书找工作时，我发现美国是有歧视的，尤其对亚洲男性。如果待在华人圈子里是可以生存的，但很窝囊，我不想那样，我必须得到西方人对我专业上的认同和尊重。"毕业三年后，石大宇进入世界顶级珠宝公司Harry Winston，成为这家公司首位华人设计师。之后屡获国际珠宝设计大奖，专业上被西方社会认可后，他慢慢感觉不对了。美国有那么多种族，他越来越想知道，自己到底是谁。

"我接受的所有设计训练都是西方的，没有一刻把自己当成一个中国设计师做设计。所以1996年我回到台湾成立清庭，引进全球先锋设计师作品，但直到2007年我才开始尝试实践用竹子。从事设计工作27年，我内心的身份转换是从10年前开始的。身为一个中国设计师，我只能说我才10岁。"

张妮：为什么偏偏选中竹子作为中国文化的载体？

石大宇： 想做中国的原创设计，首先要找到这片土地上特有的材质和工艺。2007年，我把台湾现有的工艺跟西方比对，发现陶瓷、银器、琉璃等我们都做不过西方。唯有做各类竹器的竹，西方没有。当时正值台湾竹产业没落，我又特别喜欢竹，小时候新竹的外婆家周围就长满了竹林，我就是玩手工竹枪、竹剑长大的，所以对这个材料深具感情。东南亚虽然产竹子，但他们更多把它当成经济作物，在人文、精神上没有太多探讨。而讲到中国文化，就会跟竹子联系在一起。中国人赋予竹许多人文内涵，竹有竹节，代表节气。竹子是中空的，虚怀若谷，很谦虚。这个植物的特质启发了文人墨客的联想，"竹林七贤"要在竹林中饮酒弹琴、苏东坡的名句"宁可食无肉，不可居无竹"，竹对中国文化的影响很大。

当然，做设计不可能为过去做，设计永远是现在进行式，着眼点在当下和未来。我将竹子看作面向未来的重要环保材料。从生态角度看，同面积的竹林释放氧气和吸收二氧化碳的量高过一般森林的35%。竹子长得快，10年就可成林，木头成材需要几十年甚至上百年。竹是天然材料，可生物降解。从产量看，日本全国的竹产量等于台湾一个小岛的产量。中国的毛竹产量全球第一，占全世界的40%。竹子本来就是这片土地上的，材料到处都是，但我们没有好好珍惜与利用。

"开物"是顺应自然的设计观

张妮："中国设计"的理念和西方有什么本质不同？

石大宇：20世纪末至21世纪初的中国设计才刚开始萌芽，通常是在一些东西上强加中国式符号、图腾，这是最直接也是最低端的方法。中国文化、中国设计的基因到底是什么？我有很多感悟。我做的东西全部用竹子，不添加任何其他材料，连接处都是用榫卯结构，不用一颗金属螺丝。我认为中国设计最重要的思维是敬天，是谦虚，是"让"的精神，榫卯就是"让"的概念。你要固定一样东西，要有一个洞才能把榫卡进去。卡进去后，中间留一点点缝，用于热胀冷缩，这就是给人家空间，退一步海阔天空，让就是包容、融合。而西方要把两块木头结合在一起，一定是用一个螺丝钉钻进去，它是穿刺的，让材料受伤，是用硬来的方式把它们结合。中国传统的建筑地震也震不垮，并不是因为盖的房子多么坚固，而是你要摇我跟你一起摇，顺应自然。我们中国人讲敬天，而非人定胜天。这是我认为的中国设计观。

其实中国古代就有自己的设计观，即"开物"。明朝的宋应星著有《天工开物》，是中国古代综合性的科学技术著作，里面讲到如何灌溉、织布、印染等技术。天工开物的意思是什么？比如，蚕和桑叶是老天爷给的，蚕吃了桑叶后吐丝成茧是自然规律，这是"天工"。而把蚕吐丝成茧的整个行为逆转过来，把丝抽出来，用人的智慧编织成布匹，就是"开物"。整个过程不是忤逆自然，而是顺应自然，这是真正面向未来的、环保的概念，是老祖宗给我们的智慧。所以，"开物"不是造物。西方用科技"创造"出塑料后，对环境影响非常大，它永远没办法降解。最高的科技是从国防里发展出来的。国防意味着战争，没有善意。所以，科技到后面会闯祸。西方人去颠覆、去冲撞，不顾后面会发生什么。我觉得有必要告诉全世界的华人要用"开物"的观念去做设计。

张妮：如何成为好的设计师？

石大宇：很多年轻人问我：怎样才能快速成功？我问他们：学设计到底为什么？他们说：靠我的创造力赚钱。我说：错，不是靠你的创造力，要靠你能不能成为一个失败者。原创意味着没人做过，每一步都要去探索，任何一个原创设计都是从失败开始，失败很久，好不容易成功了，得到小小的愉悦，第二个设计开始代表的又是一连串的失败，而失败的次数多于成功几百倍。如果你能练就对成功、失败没有感觉，才可能成为成功的设计师。如果你脑袋里天天想钱，没有任何理想，罪恶就出来了，其实蛮恐怖的。

苹果手机是一个可恶的设计

张妮：很多人认为苹果手机是将科技与美学完美结合在一起的好设计，您怎么看？

石大宇：我觉得这是一个可恶的设计。一把好椅子只要能坐，可以用一辈子。这个手机接近万元，可以用多久？手机厂商为什么不做个好手机壳子给我，有新的东西就塞进新的晶片就好了，为什么不这样干？要逼着消费者汰换，要挣钱呀！这不是做设计的精神！设计的目的是你的产品推出来能解决很多问题。可苹果手机不是，你要不断地付费，去买这个服务那个服务，它把没办法解决的问题名正言顺地转嫁到消费者身上，这倒是很有创意。可是，创意分两种，一种是善，一种是恶。诈骗集团很有创意，不花分文骗进巨款，可它是邪恶的。往恶的方面想，人的创意是无底洞。有的人赚了钱再去做慈善，他的慈善观念是先恶再善，怎么会是这个道理？设计讲的是人文精神，就是你做事的初衷是什么。说穿了，不管是艺术还是设计，要表达的就是三个字——真、善、美。我们做的所有努力就是为了求真、求善、求美。

张妮：日本有"无印良品"这样世界知名的家居品牌，中国为什么缺少有设计感的家居品牌？未来，中国会成为设计大国吗？

石大宇：做品牌第一件事是讲品质，没有品质再好的创意也没有用，所以，要靠好的制造商。谁最适合做品牌？就是专业做制造、有工厂的人，因为他有生产能力，可以控制成本。中国本来是世界的制造中心，有很好的制造商，但缺少有品位的制造商，只靠设计师是没办法的。真正成功的设计不是靠设计师，而是靠好的甲方，要求出好的设计方案。奥地利每年颁发的建筑奖是给业主的，不是给建筑师，因为业主有眼光、有审美能力，才会要求建筑师设计出他想要的东西。

要成为设计大国，首先要证明你有能力出好的设计，再来想怎么卖。怎样成就好设计？没有工匠精神绝对不可能。现在国家已经提倡工匠精神，一些年轻设计师有比较原创的设计，而且现在国际上有很多展会，国内市场需求很大。中国人走出去的多了，品位也在提升，一些工厂主已经慢慢意识到设计的重要性。很多条件都已经具备了，中国未来当然会成为设计大国。

刘心武

著名红学研究家、作家,茅盾文学奖获得者,代表作《刘心武揭秘〈红楼梦〉》《钟鼓楼》等。

我们现在说文化自信,中华传统文化太丰富了,所有中国人都可以从《红楼梦》入手。《红楼梦》里有适合儿童的,也有适合老年人的,不同职业、不同性格的人阅读都会有不同的收获。

读《红楼梦》，
给孩子的心灵撒一些花瓣

编者按："刘爷爷，您最喜欢《红楼梦》里哪个人物？"一个十几岁的男孩问。"我最喜欢贾宝玉。因为贾宝玉对社会地位不同的人平等对待，而且有同情心。"刘心武答。"如果面对成年人，您的答案是什么？"这位红学家回答《环球时报》记者："妙玉。""这就证明，我向孩子们推广《红楼梦》时会尽量避免个人学术立场，尽量采取中性的态度和叙述。"在他的新书发布会上，几名小书迷重现了"海棠诗社"的吟诗派对。11岁的"贾宝玉"扮演者对《环球时报》记者说，他最喜欢"海棠诗社"的故事，因为"大家一起读诗特别有意思"。对于如何向孩子讲《红楼梦》，刘心武的原则是，只讲美好的人、美好的事、美好的画面、美好的场景。比如，"迎春穿花"，讲贾迎春在花荫下，用花针穿茉莉花，做成项链。"一个懦弱的女孩，在秋日的午后默默地享受她宁静的快乐、生命的尊严。我要告诉孩子，对懦弱的生命要给予一份欣赏和怜爱。"刘心武说。

面对孩子，只讲《红楼梦》里的诗情画意

张妮：您怎么想到要创作给孩子读的《红楼梦》？

刘心武：我写关于《红楼梦》的书、讲《红楼梦》，一开始是

一个偶然的触发。就是 2005 年中央电视台《百家讲坛》邀请我去录制节目。之后老百姓一说《红楼梦》就有很多人知道我，好像我在《红楼梦》这方面的发言权挺大似的，闹得我也有点糊涂了。实际上我一开始并不是想要在这方面造成多大影响，是无心插柳柳成荫。但在这以后出现一个情况，就是社会上愿意听我讲和看我的书的人特别多，我就觉得自己的使命并不是在红学研究方面的建树成果，而是推广《红楼梦》，后来这方面的意识越来越强烈。现在我就把推广工作进一步扩展到我们这个民族最小的一代——儿童一代。

　　当然还有一些具体的原因。近几年，我的孙女长大了，有时电视台会回播我的电视节目，她就问，爷爷，你怎么在电视里？实际上我在中央电视台讲《红楼梦》系列，比较突出表达的是个人一些独特的观点，这些观点只是很多观点之一。你照我这个观点全盘接收是没好处的，而且对儿童并不适合。后来我又接触到我早年的一个粉丝。那时她上高中，下决心一定要考到北京，这样就能见到我了。后来她果然考到北京了，我们也见了面。这几年她结婚有孩子了，就面临着今后怎么让孩子早早地知道《红楼梦》的问题。因为现在越来越多的家长、教师意识到，要学习中国文化。而学中国文化，《红楼梦》是一个很好的入门作品，因为它把中华文化的精华基本都囊括进去了，从文学形式来说，文言文、白话文、诗词歌赋、骈文、楚辞、骚体等都有，更不用说很多哲学、佛学、道教的理念，以及中华文化的家庭伦理、园林文化、饮食文化。它相当于中华民族古典文化的百科全书。所以，孩子早接触《红楼梦》，家长就觉得赢在起跑线上了。虽然我不是很赞同这种说法，但年轻家长的想法我能理解。

现在有些家长强行让孩子读《红楼梦》原文，或者家长给他读，结果孩子一头雾水。其实，让孩子直接读《红楼梦》难度比较大，他们认识的字不多，不了解一些社会背景、家庭背景情况，容易读不进去。尤其《红楼梦》第一回里书面语言非常多，很多人都觉得它是文言文，一下子吃不进去。读到后来，人物对话等白话文就多了。那怎么办呢？一些年轻人就建议我能不能给下一代创建一个文本，让我们这个民族最小的一代也能够接受《红楼梦》的讲述，这个文本和音频就是这么产生的。这套书就是把《红楼梦》的主要人物和场景写出来，让孩子们先了解，长大再读就不那么困难了，比较容易进入《红楼梦》的世界。

张妮：《红楼梦》里可能有一些少儿不宜的内容。"儿童版《红楼梦》"对于内容的取舍有什么标准和考量？

刘心武：《红楼梦》是浩大的文本，一回一回讲对孩子不适合，我把它简化为 50 个话题。儿童不宜的内容都不讲。比如，爱情我不讲，我讲贾宝玉、林黛玉的时候就说少男、少女怎么在一起游戏，讲他们的友情不讲爱情。婚姻更不讲，还有一些人际冲突、钩心斗角都不讲。只讲里面的诗情、画意。先给孩子们的心灵布一些香草、撒一些花瓣，形成一些关于《红楼梦》的亮斑型的美丽记忆。让他们知道《红楼梦》是美丽的，里面关于青春的描绘是有趣的，先用这些东西来熏陶孩子。比如，书里面讲到一段"放风筝"的故事。风筝在很早以前就有了，不同国家、不同民族都发明了这种东西，而中国人的风筝有中国的民族文化。林黛玉放的是一个美人风筝，薛宝钗放了一个什么风筝呢？七只大雁连成一串，能同时放起来，这说明中国古代风筝工艺水平非常高。贾探春放了一个软翅凤凰风筝。软翅的工艺更复杂，翅膀会动，这是非常华贵的风筝。我会在书中告诉孩子，这一段作者为什么这么写？这叫伏笔，在有的长篇小说里写一个情景、一个事物，为的是埋伏后面的情节和结局，长大以后你们再看《红楼梦》时自己可以去找谜底。

练好中国文化的童子功

张妮：现在很多孩子的读物以外国故事为主，将中国名著改成儿童版本的意义何在？

刘心武：意义很大。现在童书很多，音频平台上讲的故事也很多，但外国故事占很大份额。我一点不反对，我举双手赞成，我们的孩子从小就应该接受外来文化，整个人类的优秀文化都应该吸收。但我觉得首先要重视我们民族自己的文化。我们是中国人，我们说中国话，用方块字来阅读、写作。我们的母语留下了这么瑰丽的文本，我们应该让孩子从小就知道。他一下子读原文可能困难，读普及性文本就可以在他的成年阅读之前留下童子功。中国古人很讲文化童子功，比如说学戏，没有童子功长大后演不好。古人做了很多童蒙、启蒙的工作，比如《三字经》就是把中国的传统文化儿童化、普及化。现在，新的时代也应该有人做这件事。我意识到了我来做，大家应该支持我、鼓励我。

张妮：有专家认为，中国优秀的传统文化包括文学有一个共通点，就是存在一种意象，比如《红楼梦》的想象空间特别大，可以从这个角度理解，也可以从那个角度思考。您是否认同？

刘心武：说得对，这个意见很好。《红楼梦》里有适合儿童的，也有适合老年人的，不同职业、不同性格的人阅读都会有不同的收获。我们现在说文化自信，中华传统文化太丰富了，所有中国人都可以从《红楼梦》入手。很多人让孩子读唐诗宋词，很好，其实《红楼梦》里的一些诗词水平不在唐诗宋词之下。比如林黛玉帮贾宝玉写的《杏帘在望》：

> 杏帘招客饮，在望有山庄。
> 菱荇鹅儿水，桑榆燕子梁。
> 一畦春韭绿，十里稻花香。
> 盛世无饥馁，何须耕织忙。

这样的诗混在唐诗里面丝毫不逊色，你读《红楼梦》等于把唐诗也领略了。《红楼梦》里的宋词也很好，里面有一回写大观园里的姐妹集中在一起吟柳絮词，无论是林黛玉填的那首《唐多令》，还是薛宝钗的《临江仙》，混在宋词里都丝毫不逊色。

《红楼梦》里也有非常通俗的语言，像刘姥姥说，"花儿落了结个大倭瓜"，把大家笑成一团。这在其他的古典文本里很少见。

《红楼梦》里的中国古典文化很丰富，比如园林文化。大观园是中国所有古典园林的一个精华版。里面有一回讲贾母论窗，贾母带刘姥姥逛大观园，到了潇湘馆觉得不对头。潇湘馆外面的竹子是绿的，窗纱用的也是绿色的，这两个颜色重色。贾母立刻让人将窗纱换成软烟罗，一种红色的窗纱。读《红楼梦》比读专门的园林著作还过瘾。还有饮食文化，里面有一段叫芳官开饭，写小丫头芳官跟刘嫂关系好，要了几样饭，鸡皮虾丸汤、胭脂鹅脯，听着就色香味俱全。

《红楼梦》最反对以"最"打头问问题

张妮：您在《百家讲坛》中阐述的一些红学观点，也引发一些争议，您怎么看这些不同意见？

刘心武：我上《百家讲坛》是很偶然的。我的老师是周汝昌先生，在红学研究的各种流派中我属于周派成员。周先生很喜欢我，也给了我很多"独食"，跟我有很多单独交流。我在《百家讲坛》主要是展示自己在《红楼梦》研究中的独特观点。其中，探究秦可卿的血统和出身，是很偏门的一个研究路径，当时引起了轰动。可能人们觉得新颖、好奇吧，收视率特别高。后来出了同样的书，销量也特别好。那么抨击的意见就出现了。那时有人问我，人家批评你、否定你，你生不生气？我真的不生气。因为我有一次见到了新华书店的经理，他说："不管你的观点怎么样，自从你的讲座出来后，新华书店全国各门店《红楼梦》的销量都直线上升。"我才明白，我的观点正确不正确不重要，中国人应该读《红楼梦》，这很重要。我等于是在推广《红楼梦》方面起了点微薄的作用，我感到很欣慰。

张妮：如果小朋友问您最喜欢《红楼梦》里面的哪一个人，您的回答是什么？面对成年人的回答又是什么？

刘心武：针对青少年，我做出的回答是贾宝玉。因为贾宝玉有很多优点，比如他有平等意识，他对出身不同、社会地位不同的人平等对待。他特别有同情心，愿意为别人做一些让人家高兴的事情。别人不幸的时候他也会去安慰、帮助。

但是我对成年人就是另外一个回答了：妙玉。这就证明我向孩子们推广《红楼梦》时尽量避免个人学术立场，我尽量是一个中性的态度、中性的叙述，这套书也是这样的观点。在很多人眼中，妙玉是一个清高、孤僻的人，但我觉得妙玉很不容易。其实，我自己的性格就比较孤僻、不合群，我因为个性问题在人生中遭受过很多挫折。其实我对谁都没有恶意，但是人家偏觉得你就这德行。我从妙玉这面镜子中看到自己。我喜欢她，但这并不等于我就觉得她是一个正面形象或者是一个应该学习的楷模。而是我觉得，曹雪芹对这个生命的解释，让我觉得最能接受。妙玉有优点、缺点、弱点，但她身上有很多闪光的东西，因此我对自己也有一份自尊、一份自信、一份自爱。比如，第七十六回林黛玉和史湘云在凹晶馆联诗，联到最后，出现了两句非常有名的句子："寒塘渡鹤影""冷月葬花魂"。就在林、史二位停下来相对感叹时，妙玉突然出现了。妙玉兴致很高，说我现在要把你们这个联诗续完。在续诗之前，妙玉说："到底还该归到本来面目上去。"这句话含义很深，意思是说做人跟作诗是一样的，到头来，人应该保持自己的本来面目。这是妙玉一生的追求，就是我的性格我不遮掩，我性格的棱角不磨去，我要生活在自己本来的性情里，我要以真面目示人。曹雪芹通过这句话，实际上是从深层次启发读者，让我们知道妙玉身上有值得学习的东西，就是她那种保持一种本真状态的人生追求，这在任何时代、任何社会环境下，都很了不起。

张妮：研究《红楼梦》20多年来，您认为它最大的魅力是

什么？

刘心武：《红楼梦》其实是最反对以"最"打头来问问题。比如两个女主角林黛玉和薛宝钗，作者老让她们平起平坐，金陵十二钗正册的册页上她两个合为一幅画，合为一首判词。曹雪芹的合作者致远斋说，她们是两峰对立、二水分流，就是不分名次。史湘云那么可爱的姑娘你把她排除了，非得说她不如她们、不合适，更何况还有人喜欢不在《红楼梦》正册的一个人物，就是薛宝琴，认为她是最完美的。所以我们谈《红楼梦》不用最字，可以各取所需，你有你的最，我有我的最。

《红楼梦》有非常深刻的思想性。它一开头就写：浮生着甚苦奔忙。我们浮萍一样的生命每天那么辛苦，为什么？这是对人生目的的终极追问。人的生存意义是什么，《红楼梦》在200多年前就提出来了，伟大不伟大？这在《水浒传》《三国演义》里都没有过。西方是伏尔泰、卢梭较早提出的。《红楼梦》不得了，真不得了！

刘震云

著名作家、编剧,茅盾文学奖获得者,代表作《一地鸡毛》《一句顶一万句》《我不是潘金莲》等。

当你用严峻来对付严峻时,严峻会变成一块铁。当你用幽默来对付严峻时,幽默是大海,严峻就变成了一块冰,掉到大海里融化了。

生活太幽默,我只是幽默的搬运工

编者按:深秋的北京,大兴御瓜园,作家刘震云和一众人等,每人举着一块西瓜,对着相机一起喊的不是"茄子",而是"吃瓜"。已过吃瓜季节,刘震云的新书发布会选在这里,是因为它的名字——《吃瓜时代的儿女们》。为做好功课,《环球时报》记者在专访的前几天,在手机上翻看新书电子版,竟一口气读完。精妙、老辣、耐人寻味。"你应该把这句话写到文章开头。"听完记者的评价,坐在对面的刘震云笑着说。他穿件普通的黑毛衣,朴实如他的文字。不过,一聊起天,就不那么朴实了,幽默俏皮如他的小说。在一次论坛上,有位欧洲作家不知道潘金莲是谁,问:她是中国的历史人物吗?刘震云答:我改天给潘女士打电话,约她和你一起吃个饭。采访中,记者问:如何学会用幽默对待生活,预防抑郁症?答:多看刘震云的书。

吃瓜,吃在嘴里,甜在心里

张妮:据说《吃瓜时代的儿女们》是您最幽默的小说,为什么?在您看来,"吃瓜时代"是什么样的时代?

刘震云:这部小说和我之前的作品有很大区别。过去的主人公是可见的,而这次真正的主人公——吃瓜群众并没有出场。过去的人物关系的联系是特别紧密的,这次是写人物关系的空白,写四个八竿子打不着的人越过大半个中国被打着了。人物关系的空白越大，填进去的谎言和幽默的东西越多。为什么说这是我最幽默的小说呢？原来看我的作品可能笑两回，这次有读者说看完后还要再笑三四回。真正的主人公其实是读者。

为什么大家会把吃瓜和围观、看热闹联系在一起？我揣度是吃在嘴里，甜在心里。有一句俗语，看热闹不嫌事大。眼看他起高楼，眼看他宴宾客，眼看他楼塌了。过去这件事可能只有一个人知道，现在社交媒体发达，一件事很快就会让几百人、全中国的人都知道。吃瓜群众不仅会把一个信息无限放大，还会把看似毫不相干的事联系起来。像小说中的主人公之一某县公路局局长杨开拓，他负责建造的一座大桥因为一辆满载烟花爆竹的货车在桥上发生爆炸而引发塌陷，造成人员伤亡。他在事故现场被吓傻了，傻笑了一下。就有吃瓜群众解读说，出了这么大的事故，你为什么还这么开心？接着，有人搜索出他在多个场合戴的都是名表，一个公务员哪来这么多钱？结果，杨开拓被"双规"了，由他引出该省省长因贪腐被抓。之后，有人说，那车烟花爆竹为什么会突然爆炸？因为劣质。于是，又有吃瓜群众把爆竹的生产厂家搜出来，要给他们打赏、送锦旗。劣质反而变成了好事。这是社交媒体和吃瓜群众的创作。事情背后的荒唐与事情本身的荒唐呈几何倍数增长。如果没有吃瓜时代，事物背后的联系可能就被忽略和淹没了，而吃瓜群众把事物之间无形的联系有形化了。

张妮：您的幽默风格和卓别林、周星驰式的幽默有什么不同？

刘震云：首先我要向卓别林先生和周星驰先生致敬。不同的艺术形式需要不同的幽默。比如，语言的幽默，适合说相声。肢体的幽默，是卓别林先生的风格。还有把生活拧成一个麻花，肯定会幽默，像周星驰先生。但这些幽默对小说没有任何用处。因为语言的幽默是毫无力量的。我的作品里，没有一句是俏皮话，而且我也讨厌作品里油嘴滑舌，我的语言都是特别质朴和老实的话，没有形容词。真正的幽默是小说里描写的事情本身。比事情幽默更重要的是结构幽默。《我不是潘金莲》的第一章，李雪莲在找所有人。第二章，所有人在找她。真正的幽默是五味杂陈。会心一笑比哈哈大笑更幽默一些。

如果说幽默包括荒诞凸显在结构上，这是比较深入的，但细节真实性对小说来讲是非常重要的。如果它的细节和结构都是荒诞的，就证明这个作家的功力是不够的，因为两个东西顺拐了。我们应该明白一个普通和朴素的道理：越是荒诞的东西越应该在细节上特别真实，就像真正的喜剧的底色和土壤应该是悲剧，而真正的悲剧产生于喜剧，这在莎士比亚的创作中体现得非常明显。

现在全中国人都认为我很幽默，但我觉得我不幽默，只是我身边的生活太幽默了。我不是幽默的制造者，只是幽默的搬运工。当你用严峻来对付严峻时，严峻会变成一块铁。当你用幽默来对付严峻时，幽默是大海，严峻就变成了一块冰，掉到大海里融化了。

如果文学只是对生活的反映，看生活就够了

张妮：您的很多作品题材直面现实，一些细节甚至令人联想到热点新闻。生活和文学的区别在哪里？文学应该是揭露黑暗还是展示光明？

刘震云：单纯的热点新闻构不成小说，在《吃瓜时代的儿女们》中，你能看到像洗脚屋等在生活中有一点影子的东西，但这个影子在作品里的作用不是特别大，它只是起细节作用，并不起主体和结构作用。有它没它对于小说来讲都不是特别重要。只是因为在生活中发生了一些幽默的事，把它顺手牵羊搁进去，而这些"羊"大家也熟悉，可能会增加作品的真实感。但是，增加作品的真实感不是最重要的。有一些文学理论说，文学是对生活的反映，如果是那样，我们看生活就可以了，为什么还要看文学？我们一定是看到了文学比生活多的东西。多了什么？首先是那些在生活中被忽略的东西，比如《我不是潘金莲》里的李雪莲，生活把她抛弃了，生活已经停止了，作者从泥泞里把她拉出来时，生活就重新开始了，就把她的心事从头至尾哽哽咽咽给你讲了一遍。当全世界的人都不听她说话时，她只有说给牛听。第二层，李雪莲只会讲自己的心事，只会讲肺腑之言，但这背后的生活哲学她未必能意识到，这些哲学的认识包括对生活再反思的认识，也是作者从生活重新开始的地方。鲁迅先生写阿Q、祥林嫂还有闰土，是站在世界的高度来认识这些人。《红楼梦》跟乾隆口中明珠家的事极大的区别是，曹雪芹通过一个小女子的泪眼来看世界，开篇是"满纸荒唐言，一把辛酸泪"，这就是文学跟生活之间的区别。更重要的是，文学主要不是用来讲故事的，而是讲故事背后一层层的联系。《温故一九四二》基本上用的全部是真实的史料，但真实的史料并不重要，饿死300万人这个事实够惨烈的，但这也不是我写这部小说最主要的目的，最主要的是，快饿死的300万人面临着比饿死更重要的一个问题——日本军队开始给灾民发放粮食时，你吃还是不吃？

所以，我觉得，揭露黑暗不是文学应该承担的东西，它应该是新闻。展示光明也不是文学应该承担的工作，因为光明本身在生活中就存在。现实是判断一个事物的性质是不是犯法，而文学触及的是人性和人的灵魂。每个人都有善的一面，也有恶的一面。善一定占80%～90%。为什么恶又显现出来了？跟时间、地点和他所处的环境有非常大的关系。

张妮：您的小说大多被改编成电影。您怎么看小说和电影的关系？

刘震云：老有人问我，小说改成电影好吗？我觉得，它们像两个完全不同的动物，无法比较。电影像豹子，不断奔跑；小说像大象，慢慢走还愣着头在想。电影重视的是结果，一盘菜上到桌上，色香味俱全就可以了；小说重视的是厨房里剥葱剥蒜，肉下到油锅里时滋啦的声音和腾起的火苗。小说最重要的是讲一个人物、一件事是怎么来的，重要手段是心理描写；但在电影里，你对着镜头想5分钟，观众就走了。电影像河流不断奔腾，有落差时就是瀑布；小说像大海，对表面的浪花并不在意，更关注海水底部的涡流和潜流，它们跟太阳、月亮的关系形成了潮汐。

张妮：有人说冯小刚是热的，刘震云是冷的，您认为是这样吗？

刘震云：我觉得小刚导演有时看世界也是非常冷静、冷峻，而且是非常深入的。小刚在媒体面前可能容易发脾气，这也是性格决定的，这不能叫热。他其实创作时是非常安静的，思考非常深入，而且神经末梢非常繁茂，能够到达其他人的神经末梢到达不了的地方。

老辣之笔，慈悲之心

张妮：作为首任北京国际书展阅读推广形象大使，您将到山区给孩子们上一堂语文课，您会怎么上这堂课？结合您的个人经历，教育如何才能培养出高水平的创作人才？

刘震云：我从小是在村庄里长大的。因为我年龄小，字老是学不会，我总是坐在第一排永远听不懂课的人。中国教育方式最大的问题是，课堂上只有一个人在说话，学生们都背着手在听。在发达国家，老师可以说，学生也可以说。春秋时期，孔子也是这么讲课的。如果孩子总是在听，不准他说，会把一个个充满才智、生动活泼的孩子变成兵马俑，会把千百万个孩子培养成一个人，而不是千百万人。我去讲课的时候，我可以说，你也可以说。中国学校和家长总想让孩子变成他们所希望的样子，成为别人的样子。你要求我成为一个好作家。什么叫好作家？是你曾经见过的好作家。但是，没有第二个人能成为托尔斯泰、海明威。如果你写得跟经典不一样，他肯定认为你写得不好。我就是在这种环境中长大的。写《一地鸡毛》时，很多人说，你的小说是流水账。写《温故一九四二》时，好多专家说是资料的堆砌。写《一句顶一万句》时，说人物太多，头绪太多，记不住。有人说《我不是潘金莲》离现实太近，还有人说不如回到《一地鸡毛》，也有人认为它是我写得最好的小说。我到底该听谁的？教育应该是告诉你，千万不要成为别人，你要成为自己。另外，写作品是写给喜欢它的人看的，就像生活中跟喜欢自己的人一块玩，他不喜欢你，你为什么非要跟他一块玩？这不是有病吗？

张妮： 中国有很多优秀作家，但中国文学整体在世界上还略显"小众"，中国文学、中国文化的国际影响力如何提升？

刘震云： 我不认为中国文学是小众文学。有时不一定非是另外语种的人说你好才是好。中国作家包括我的前辈们，还有跟我同时代的这些作家，写得都特别好，并不亚于世界上其他语种的作家。可能主要是因为汉语在世界上的传播范围和速度确实比较滞后，还牵扯到中国经济、政治在国际上的话语权。

中国文学国际影响力的提升是一个渐进的过程。像我一开始去国外交流时，在座的主要是当地华人，但渐渐地，观众成了20多个语种的人。英文版《手机》出版时我去纽约交流，有一位太太说，她喜欢这个小说的开头。开头讲，两个主人公从小是特别好的朋友，这不是因为他们共同拥有什么，而是因为共同的缺失。一个从小没娘，一个有娘但娘傻了。两人特别愿意用矿灯在天空写字。一个写：娘，你在哪；一个写：娘，你不傻。那位太太说，我从小也没有娘，但从来没想过把心里话写到天空上。就算写了，几秒钟就消失了，但你写的这句话整整在天上停留了 5 分钟。她说她没去过中国，特别想去看看中国的天空。她喜欢你的作品，就更愿意了解这个作品里的人和这个国家的文化，这需要一个过程，但前提是，你要先把作品写好。

张妮： 您的作品大多反映了小人物的欲望、挣扎和无奈，其实当下大多数中国人心里都有很多烦恼和焦虑，比如很多人焦虑自己成了"房奴""孩奴"，作为一名作家，您认为人们如何才能让自己的精神和内心得到升华，作家和文学的使命是什么？

刘震云： 你提了一个非常好的问题。首先，我觉得前一半肯定说的是对的，我的作品反映了中国普通老百姓的一些情感、思考、思绪，包括他们跟生活之间的关系，当然生活会有很多层面。一位日本书评家说："刘震云说出了中国老百姓的肺腑之言，这是赛珍珠怎么都写不出来的。"当然，赛珍珠是美国人，写中国人的肺腑之言是不是隔了一层？从这个意义来说，我不能理解为我比赛珍珠写得好。

焦虑，确实是我们每个人都能体会出来的特别常见的、弥漫的、时刻能感觉到的一种心情。其实作为一个作者，他就是要把这些被人忽略的小人物或者普通人焦虑的心事搞清楚。为什么焦虑呢？是因为他的心事和心情无处诉说，当这些人在生活中无处诉说的时候，文学就应该出现了。文学就是把生活中被忽略的东西一点一滴地捡起来。我们生活中的一些心事和心情，是非常粗糙的，因为生活发展太快了。而且你想诉说的心情和心事，无人愿意倾听。也许在粗糙心事的背后藏着细腻，藏着深刻，藏着不为人知，甚至让人恐惧的东西。这个时候，就需要文学枝枝叶叶、从头至尾地把它码放清楚。比如，《我不是潘金莲》里的李雪莲，就是这么一个人物。当这本书出荷兰文版的时候，我去阿姆斯特丹做推广。书店里，一名荷兰女性的话让我深受触动，她说："我从来没想到一个中国作家的作品会那么幽默，我读《我不是潘金莲》，从头至尾都在笑，但是读到最后我哭了。因为主人公李雪莲用20年时间就想纠正一句话，一开始还有人听，到最后所有人都把她的心事当成笑话。她无处诉说的时候，只有说给家里的一头牛听。但是我知道，其实李雪莲身边还有一头牛在听她的心事，就是刘震云。所以，我知道作者是什么，他就是一头牛，是一个倾听者。"

国外有媒体对我的作品有这样的评价：用最幽默的方式在说最深邃的哲学，用最简约的方式在说最复杂的事物，用最朴实的语言在搭建最奇妙的艺术结构。国内有一句颁奖词，说我的作品，话里有话，弦外之音，老辣之笔，慈悲之心。我的作品未必达到这样的水准，但起码是我努力的方向。

刘慈欣

著名科幻作家、"雨果奖"获得者,代表作《三体》《流浪地球》等。

想象力跟创作力肯定有关系,但是说中国人特别是中国孩子缺乏想象力,我不这么认为。中国科幻小说市场的繁荣以及它产生的影响力,就是一个证明。因为没有想象力的人,是不会喜欢科幻小说的。

中国科幻文学迎来最好时代

编者按：冷静，直率，不苟言笑。戴着标志性黑框眼镜的刘慈欣像他笔下的"科学"一样，总是以"超然物外"的理性态度示人。这种理性还反映在2019年春节的电影票房上。在汇集当前最具票房号召力的导演和演员的春节档中，以刘慈欣原著小说改编的本土科幻电影《流浪地球》以20亿总票房夺得冠军。这部"现象级"电影不仅让这位亚洲地区首位获得"雨果奖"的中国科幻作家被再度关注，更点燃了人们对中国科幻电影的无限期待。事实上，这一局面似乎已有预示。在上年的北京国际书展上，刘慈欣被众多年轻粉丝团团围住，求签名合影。科幻作家在中国受到影视明星般的追捧，其背后的市场空间可见一斑。"中国正处于快速的现代化进程中，生活中充满未来感，而未来感就是科幻小说成长的肥沃土壤。"刘慈欣在接受《环球时报》记者专访时表示，"但既然我们已经生活在科幻小说里了，还看什么科幻？"对于科幻小说及未来人类文明的前景，刘慈欣的态度基本一致——保持理性乐观。

单枪匹马把中国科幻文学提升到世界水平？

张妮：《流浪地球》被评价为中国科幻电影的新纪元、里程碑，您对中国科幻电影的未来前景持什么态度？

刘慈欣：我很乐观，我认为中国科幻电影会有一个光明的发展前景。因为时代需要科幻电影，有需求肯定就会有所发展。毫无疑问，在中国，科幻电影迎来了有史以来最好的发展时期。在三四十年前，我们生活的未来感并不是太强。现在的时代，至少在中国，正处于一个快速的现代化进程之中，我们生活的最大特点就是充满变化、充满未来感。未来感很重要，它本身就是科幻小说市场成长的肥沃土壤。

张妮：有人评价您"单枪匹马把中国科幻文学提升到世界水平"，您怎么看这样的评价？

刘慈欣：我只能把它看成一种善意的鼓励。从事中国科幻文学的人很多，有作家、出版人、评论家，还有广大的读者，他们一起努力造就了中国科幻文学今天的局面。中国科幻文学像一个金字塔，可能有些人在金字塔比较上面的位置，有所成就，但整个金字塔由一个庞大的基础组成，不是哪一个人的力量能够形成的。另外，中国科幻发展到今天也有时代背景，以前大家吃不饱饭的时候未必对科幻感兴趣。把它归功于某个人的成就，这种说法肯定不对，它是时代造就的。

张妮：有评论家认为，您的科幻小说和西方科幻小说最大的不同是，里面有一种历史和逻辑的统一，这给小说提供了更多想象空间，您是否认同？中国的科幻小说与西方的主要区别是什么？

刘慈欣：西方科幻小说不是一个整体的概念，美国的、欧洲的风格各异，什么样的都有，不能用一句话概括整个西方科幻小说。有些西方科幻小说和中国的不太一样，有的跟我们相像，就看你跟谁比。

张妮：除了此次跨界做电影监制，您去年还受邀担任 IDG 资本公司的首席畅想官，这个职务的职责是什么？

刘慈欣：IDG 资本是一家投资公司，在我国很多关键领域都有投资介入。首席畅想官的工作，主要是以我作为科幻小说作者的想象和对未来的展望，激发 IDG 及其相关方面的想象力。比如，通过对现代技术的展望进行分析预测等，更多的还是做一些交流吧。

让孩子们多些时间仰望星空

张妮：您如何走上科幻创作之路？除了科学，您的小说里还探讨了非纯粹善恶判断等复杂而深刻的命题，这种思辨性是从哪里获取的？

刘慈欣：我从小学、初中就开始对科幻感兴趣，主要受科幻小说的影响，比如，凡尔纳、阿瑟·克拉克的小说。我还会阅读历史、军事等方面的书籍，对文学的关注反而比较少。因为我不是通过热爱文学才走到科幻小说这个领域来的，是因为热爱科幻、热爱科学。我小说中的思想来源是多方面的，有通过读书获得的，也有平常的社会经验等各方面的来源，不可能只是读书一个来源。

张妮：科幻小说需要想象力，但一些人认为中国的教育体系导致中国人缺乏想象力。在您看来，想象力是由什么决定的？

刘慈欣：首先，想象力跟创作力肯定有关系，但是说中国人特别是中国孩子缺乏想象力，我不这么认为。像我这个岁数的人，是几十年前上的小学、中学，我可以感受到现在的中学生想象力比我们那时候要丰富得多，而且这种想象力所依托的视角、高度也比那时高得多。中国科幻小说市场的繁荣以及它产生的影响力，就是一个证明。因为没有想象力的人，是不会喜欢科幻小说的。反过来，科幻小说和电影的蓬勃发展肯定会促使更多孩子关注这一领域。当然，现在的孩子课业负担很重，但还是应该多一些时间仰望星空。

张妮：有读者认为，在《三体》中，您的宇宙观比较悲观，比如宇宙中"黑暗森林法则""降维攻击"的存在，《三体》的结局也偏向悲观。您是否对人性也持悲观态度？为什么？

刘慈欣：那是一种错觉，我并不悲观，《三体》是乐观的结局。科学本来是没有人性的，因为科学是用一种绝对理性的态度去反映自然规律的。科幻小说是文学题材，是描写人的，只不过和传统现实主义文学不同，是把人从现实环境中放到了科学幻想的超常环境中。这只是一个思想实验，就是观察普通人的人性如果面临一种不普通的、超常的环境，会是什么样。

我对人性谈不上悲观，因为人性本来就是随着自然环境、文化环境、历史环境的改变而变化的东西。这和一些文学流派的想法不一样，他们认为人性好像是一种永恒的东西，其实它随时都在变，而且随着技术的发展，将来的人性会变得越来越快。现代人和原始人的生物指标差不多，但技术的下一步发展可能要改变这一点。技术可能直接作用于我们自身，会改变我们的生理状态，人类可能会和机器结合为一体，这不是你愿意不愿意的问题。你可能觉得厌恶，不愿意跟机器结合，但是我结合了你就得结合，否则你赶不上，会被淘汰的。在这种情况下，人性会发生我们难以想象的变化。

张妮：在《三体》中描绘了一个社会趋势：男人越来越女性化。您为什么会这样预测？预测的依据是什么？

刘慈欣：我在书里写未来的男性女性化，这不需要什么预测能力，这个趋势已经很明显了。对于具体这一趋势，我的看法是这样的。首先，人的审美取向，表面上看是很超脱的，实际上是很实际的东西，它和现实的结合是很紧密的。换句话说，为什么以前的那种男子汉的形象衰落了，不被人们欣赏了，代之以现在比较细腻、柔软的男人形象？说穿了，是因为以前的那种男人没有用了。以前的男人之所以看着美，是因为在过去艰苦的、充满暴力的时代有用处，那个时代如果没有力气、没有男子气概，很难生存下去。但这种力量型的男人在现代写字楼里有什么用？唯一用处就是出差时给女同事搬搬行李而已。所以说，还是那句话，审美最深的根源和社会需要、社会文化是紧密联系的。这是一个很正常的趋势，也是人类文明发展进步的一个表现。

人类的最大危险是科技停止发展

张妮：您曾表示，当今社会的科技感越来越强，这对科幻小说来说是很大的挑战。未来的科幻小说应如何破局？

刘慈欣：现代化社会一方面促进了科幻小说市场的繁荣，但同时对科幻小说的未来发展是不乐观的，现在科学技术已经渗透到生活的方方面面，它的神奇感正在消失，这对科幻小说的打击很沉重，甚至是致命的。既然我们已经生活在科幻小说里了，还看什么科幻？我不知道未来科幻小说的突破点是什么，这是大家都在思考的问题，不知道怎么才能写得更好，究竟怎样才能让科幻小说重新发挥作用。也许可以不只写硬科技，可以从一些软性视角切入，这可能是一个发展方向，但目前效果并不明显。

张妮：有人认为，无论如何，科幻小说总体上还是朝着提升智慧的方向发展，而很多玄幻、奇幻小说则相对有些"低智商"，您对此怎么看？

刘慈欣：我不同意这个看法，任何文化题材都有低智商、高智商的。任何一个文学题材都有很深刻、很经典的作品，也有很平庸的作品，玄幻、奇幻小说也一样。

张妮：作为科幻作家，您如何预测人类和地球文明的未来？

刘慈欣：我们写科幻小说的思想方式是什么呢？实际上，科幻小说作家的思想方式不是预测，那是未来学家的思想方式，我们的思想方式是排列。我们的倾向是把各种各样的未来都排列出来，通过文学去表现。至于未来哪个会变成现实，不是我们关心的，也不是我们有能力去预测的。对于地球文明的未来，首先，离开科幻，仅从自己的角度来说，我是持乐观态度的。只要科技不停发展，人类肯定会有一个光明的未来，但这是一种理性的乐观。人类的未来还面临着很多陷阱，我们如何走向光明的未来，取决于现在的选择。我认为，人类面临的最可怕的危险不是环境恶化，也不是恐怖主义、贫富差距等，而是科技停止发展。我们必须让科学技术不断发展，人类才能有光明的未来。我相信，人类会做出这个正确的选择。

吉狄马加

著名彝族诗人，中国作家协会副主席，波兰"雅尼茨基文学奖"、剑桥大学"银柳叶诗歌终身成就奖"获得者。

彝族有一句谚语：诗歌就是语言中的盐巴。诗歌是民族语言里最精粹、最精华的东西，表达的是人类精神情感最基础、最根本、最带有本质意义的东西。你很容易通过诗歌进入这个民族灵魂最柔润的那个部分。

诗歌是走进另一个民族的精神密码

编者按：
……
我与生俱来——
就和岩羊、赤狐、旱獭
有着千丝万缕的依存
我们不是命运——
在拐弯处的某一个岔路
而更像一个捉摸不透的谜语
我们活在这里已经很长时间
谁也离不开彼此的存在
但是我们却惊恐和惧怕
追逐和新生再没有什么区别……

这首充满雄性精神的长诗《我，雪豹……》出自中国当代最具代表性的民族诗人吉狄马加。其同名诗集被授予波兰2018塔德乌什·米钦斯基表现主义凤凰奖。这是该奖项首次颁发给本土之外的诗人。"如果诗歌仅仅是一种对自我的发现，那诗歌就不可能真正承担起，对他人和更广义的人类命运的关注。"吉狄马加在接受《环球时报》记者专访时说。如今，技术逻辑、物质世界对人的精神空间的挤压，是一个不争的事实。"在这样一个时代，作为一个有责任和良知的诗人，如果不把捍卫人类创造美好生活的权利当成义务和责任，那对美好的诗歌而言都将是一种可耻的**行为**。"

诗歌是构建人类命运共同体的重要艺术形式

张妮：您获得过很多国际大奖，此次获得波兰奖项，意义有何不同？

吉狄马加：波兰是很重要的东欧国家，我们和东欧的关系很密切。波兰虽然在世界范围内并不是一个很大的国家，却是一个文学大国。从"五四"以来尤其是鲁迅那一代作家，就开始大量介绍东欧被压迫国家的优秀文学作品。这些作品对中国现当代文化产生了深刻的影响。波兰在历史上不断被周边一些强大的国家肢解或侵占，波兰作家、诗人对生命的理解、对苦难的呈现是深刻的。20世纪以来，波兰涌现出许多伟大的作家和诗人，涌现了四位诺奖获得者，像切斯瓦夫·米沃什、申博尔斯卡等。中东欧其他国家包括捷克、匈牙利、罗马尼亚等国的作家很多都是站在人类精神的制高点上写出了非常深刻的文学作品，既有对本民族痛感的呈现，也表达了对整体人类命运的关怀和忧虑。波兰和中国有很多相通的、惺惺相惜的地方，有天然的民族感情。到目前为止，波兰出版过我的四本诗集。出版中国作家诗人的翻译作品，也是让中国文化、中国文学更好地走出去的一种有效方式。

近十来年，也有很多重要的波兰诗人、作家到中国访问，见证了中国发展的现实，看到了中国人民创造美好生活的实践。从这个意义上说，虽然这个奖是颁给我个人的，但我认为他们是颁给中国当下诗歌写作的群体的。另外，也反映出一个重要的趋势，就是今后的国际文化交流要走向更深的维度，一定要加强作品之间的相互翻译。在每个时期，中国都有很多优秀的诗人创作出具有经典意义的作品。现在，中国现当代诗人在国际交流中完全是一种平等的心态，因为我们有这样的文化和心理自信。但是，外国特别是西方翻译中国文学作品的量与中国翻译的外国作品，是不成比例的。因为让外国深入了解中国作家、诗人的写作，就像我们深度了解波兰的重要作家、诗人的写作一样，文学交流是最容易走进彼此心灵的一种深度交流，或许这是一种更具有基础性和恒久影响力的交流。

张妮：诗歌对于不同民族的文化交流、民心相通以及构建人类命运共同体起到什么作用？

吉狄马加：我认为，构建人类命运共同体不仅仅是在政治、经济层面上的，还是一种文化上的联系。现在，不同国家、不同民族尤其是不同文明之间的对话特别重要。我个人历来不认同所谓的文化冲突。它是虚拟的，不存在的。实际上，人类伟大的文明，不管是东方文明还是西方文明，不管是中国儒家文明、印度文明，还是伊斯兰文明、基督教文明，都有很强的包容性和兼容性。所以，文化的交流对话特别重要。对于民族与民族、心灵与心灵之间的沟通来说，诗歌是一种深度的心理交流，更容易进入彼此的心。诗歌可以说是人类最古老的艺术形式，已经伴随人类数千年。彝族有一句谚语：诗歌就是语言中的盐巴。盐巴对人类是很珍贵的，诗歌也是民族语言里最精粹、最精华的东西。事实上，诗歌、音乐和绘画，都是人类精神创造中站在山巅上的东西，表达的是人类精神情感最基础、最根本、最带有本质意义的东西。你很容易通过诗歌进入这个民族灵魂最柔润的那个部分，感受到彼此的良知、对自由的向往、对美好生活的赞颂和渴望。

诗歌在中国回暖是必然现象

张妮：近几年，《中国诗词大会》《为你读诗》等诗歌项目越来越多，很多中国人又开始读诗了。诗歌在中国开始回暖了吗？背后的深层次原因是什么？

吉狄马加：今天诗歌的回暖是一个必然的、正常的现象，这说明我们在发展经济的同时，精神文明建设也摆到了很重要的位置，这是一件好事。诗歌不能高高在上，要进入公众生活。更多的人阅读诗歌就反映出整体社会文明程度的提高。很多人对中国古典诗歌的热爱、对现当代诗歌的关注，反映出大众对精神生活质量提升的需要。在物质建设到达一定阶段时，对精神生活的需求是任何一个健康、向上、理性的民族应该有的。诗歌是有教化作用的，从小读唐诗宋词，对一个人陶冶心灵、塑造美好人格是很重要的，甚至有些诗会滋养他一辈子。

张妮：您认为，现在人类处于怎样的时代？诗歌在当下的价值是什么？

吉狄马加：我并不是一个怀疑论者，但我认为人类现在确实面临很多问题。不管是东方还是西方，整体的精神世界都面临着精神的失落。意大利诗人蒙塔拉说，人类经历了很多物质进步，有很多技术发明，但如果加上它们带来的负面影响，很多时候却是没有增也没有减。今天我们所处的时代肯定比历史上任何时代发生的变化都剧烈。我们现在经历的几十年相当于过去走过的几百年。一个多世纪以来，人类拥有了原子能、计算机、纳米、机器人、基因工程、克隆技术、云计算、互联网、数字货币……但是，同样就在今天，叙利亚儿童在炮火和废墟上的哭声，并没有让屠杀者放下手中的武器。在今天的人类手中，仍然掌握着足以毁灭所有生物几千遍的武器。生活在这样一个时代，也给诗人写出真正具有精神高度的作品提出了更高要求。就是你怎么能深入人性中最复杂的那个部分来洞察这个时代，写出这个时代深处最幽微、最微妙、最具本质意义的东西，怎么能解释出这个时代的真相。所以，诗人一定要在场，要有现场感，你的作品一定和今天的生活有关系。如果你写的东西不能激发别人心灵里的涟漪，怎么会打动他人？你的诗歌也很难起到真正的诗歌应该发挥的作用。

生命的本质是对生命的尊重

张妮：似乎诗人往往在不得志时才会思考人生，写出好诗，是这样吗？

吉狄马加：真正的诗人都是对精神的探索。某种意义上说，诗人就是预言者，对生命体验和探寻，当然需要一种特殊灵感，但更重要的是，诗人必须揭示事物的真相，并给人类提供心灵的慰藉和温暖。有些人对精神的探索与外在赋予他的东西有关，有的则没有直接关系。比如，诗人在现实中的表象和生活，与他写出的作品并不完全是一种直接对应的关系，伟大的德国诗人歌德就其人生经历而言，并没有经历过所谓肉体的磨难，但他的旷世之作《浮士德》却揭示和呈现出了人类精神最隐秘的那个部分。拉美作家马尔克斯的《百年孤独》，可以说是拉丁美洲的一部"圣经"，据我所知，马尔克斯并不是在他饥不果腹的时候产生的幻想，他在写这部划时代的伟大作品的时候，他的夫人就是赊账也要保证他每天有面包吃、有牛奶喝，房间里有暖气，从作品本身的写作而言，它绝对是一个极为复杂的精神创造的过程。很多时候，伟大作品的产生，许多要素都不可或缺，当然，任何时候，作家和诗人都是伟大的现实和生活所养育和催生的。

张妮：有人认为，作为诗人，您是以一个觉悟者的身份启蒙世界。在一个觉悟者看来，生命的本质是什么？

吉狄马加：我觉得生命的本质，就是对生命最真实的呈现，从人道和伦理的角度来看，就是对每一个生命都应予以尊重，万事万物在这个宇宙的世界，都不是孤立存在的。我们现在越来越感受到，不可能有一个独立的个体生命在这个世界上单独存在下去，都是生活在一个更整体的生命链里。人类很长时间把自己看成世界的主宰。实际上，地球很大，宇宙很大，不知有多少生命存在于宇宙空间里。对生命的尊重不仅是对人类自身生命的尊重，还包括对万物的尊重。对生命的尊重，不仅仅是一个一般性的错误或正确的判断，还应该站在道德的高度来看待。只有这样，我们才可能更好地在一个人类与其他生命共同生活的宇宙空间里，让生命获得更多意义，生命的意义永远是我们赋予它们的，也正因为生命被赋予了不同的意义，人类才有活下去的最充足的理由，否则，生命就是荒诞的，甚至是虚无的。

张艺谋

中国"第五代导演"代表人物之一，2008北京奥运会开闭幕式总导演，电影代表作《红高粱》《活着》等。

电影虽然是全球化产品，但更多还是一种本土文化的呈现。所以要了解中国的传统文化，要了解中国人民和中国社会，就是要在自己的土地上创作出属于自己的好作品。

好莱坞不是我们的标准

编者按：电影《2046》中，这个数字既是房间代号，似乎也隐喻了过去与未来。在它之后，2047，又代表了什么？在国家大剧院首演的《对话·寓言2047》第三季，试图提出问题并寻找答案——在快速迭代的科技洪流中，人类社会的未来会变成什么样？也许很难有标准答案，就连这场演出本身也很难被划为某种既定类型。导演张艺谋干脆给它起了个名：观念演出。这边厢是小无人机、机械臂、矩阵灯、激光撞体投影等高科技，那边厢是陕北说书、南音、笙、花儿、海菜腔、侗族大歌等传统艺术。"原则上就是想让两个风马牛不相及的东西进行对话，同台演出。"从电影作品到北京奥运开幕式、G20杭州峰会文艺演出、平昌冬奥会北京8分钟，张艺谋近年不断尝试以创新手段、世界语言展现本土文化的内核。"我们已经生活在信息化时代，今天的艺术家不能像过去那样，只守着自己的一亩三分地。"张艺谋对《环球时报》记者说。

专找几乎要失传的古老艺术

张妮：有评价称，"2047"是张艺谋的转型之作，您有转型打算吗？

张艺谋：倒也不是什么转型。"2047"是另外一个艺术门类，原则上算舞台艺术。舞台艺术我之前也做了一些，像芭蕾舞、歌剧、京剧等，但这次是比较独特、有个性的作品，它跟现代科技有关。我一直认为要活到老学到老，不能封闭，不能只是想着自己的电影。电影是什么？电影就是人，就是社会，就是人生。今天的社会这么日新月异，我希望自己能跟上这个时代。我们有时看一个人的节目或一个表演，会觉得旧，老一套。怎么达到新呢？总觉得需要用现代科技和新的观念重新去做。做"2047"这部剧，跟这么大的团队在一起，让我在科技、观念、现代的表演意识上长进不少、积累不少。你深入跟它接触，和你浮皮潦草地在互联网上看一看，知道有这么一种东西，完全是两回事。这种学习是深入的，会让你举一反三、举一反十，让你以后可以应用到方方面面。

其实一台演出代表了你的文化、你的姿态，也代表了国家发展历程的变化。比如，2008年奥运会开幕式，很多人对活字模表演印象很深。它的观念其实是编程，运用了矩阵和编程原理，是由很多人在底下表演呈现的。10年后的平昌冬奥会"北京8分钟"，则是由24个机器人在满是雪和冰的地面上精准无误地表演。这就代表了国家的进步。当现代技术用到表演上时，它会传递这样一种观念。

张妮： 与前两季相比，"2047"第三季延续了什么，改变了什么？

张艺谋： "2047"第三季延续了两个风马牛不相及东西的对话方式，不一样的是每年选的非遗古老艺术不同，新科技不同，承载的主题也有所不同。非遗级别的艺术，今年我们选了陕北说书等。我们不找耳熟能详、已受到重视和保护的艺术，就找最偏的、几乎要失传的古老艺术。我们希望创造机会让这些艺术家在国家大剧院的舞台上给大家表演。有一位进行非遗表演的老奶奶在排练的时候哭了。因为平时没人听她唱，她真的就是在乡下、在草原上自己唱，现在我们请她在国家大剧院的舞台上为人们表演。她那种愉快是难以表达的。我们国家有无数古老的艺术和文化瑰宝，但实际上我们熟知的、看到的、听到的非常少。许多东西就这样慢慢自生自灭，不知道还会不会传承下来，所以我希望至少让年轻人知道，我们还有这些艺术形式存在。

在现代科技部分，其实永远没有"现代"二字可言。今天你现代，明天你就落后了，永远要去了解科技最新的发展。另外，今年我们会探讨环保主题。我之前看到一篇报道，说太平洋上有一个垃圾堆积厂，看到相关图片后我很震惊。"2047"第三季中会把这种景象和对环境的思考表现出来。

这次，我们在舞台上会呈现一个演员和一个机器人之间的关系。他们也许在谈恋爱。如果两个人谈恋爱，大不了就分手，也不会怎么样。但如果人要跟一个机器人谈恋爱（现在据说日本已经有卖机器人了，做得像真人一样），如果出现情感问题，机器人万一失控了呢？当你在舞台上演绎这一段时，你一定会想应该用什么音乐，这段音乐或者古老唱词在这里，是一种什么感觉。节目里表演陕北说书的老先生说，他们平时的表演是"信口开河"，但这个舞台上要的是"纹丝不差"。把这种荒腔野板的、自由发挥的东西，非要搁在节目上，突然就会产生很微妙的感觉，就是让无序产生了一种有序的延展。这种原生态的腔调和韵味，在与人、机器人之间的关联中又会产生什么化学反应？这其实都是"2047"最有趣的部分。

我们完全被手机控制了

张妮：这部剧的名字中有"寓言"二字。您对未来人类生存状态的寓言是什么？

张艺谋：我们想通过一台演出，让人们在欣赏之余产生一定的反思。人类与科技的关系未来究竟是怎样的？人工智能是不是一把双刃剑？当它会思考、会自我生存甚至自己充电时，人类是不是要完蛋？科幻电影经常会触及这样的题材，其实我觉得遥远的话题也在眼前。今天如果把在座的人手机一收，估计很多人就找不着北了，突然觉得今天没有灵魂了。你没有注意吗？我们完全被手机控制了。这其实说明，人会不自觉地被某种科技控制。这种控制甚至是生理性的、精神性的。我们的下一代从小就是看iPad、看电脑长大的。把他的电脑一断，我估计他可能都不吃饭了。一些科技已经变成渗透到我们血液中的一种依赖，而这种依赖会极大影响人类这个物种的繁衍。科技发展到今天，人类开始思考，我们对人工智能、基因研究等很多现代技术，是不是要提前设置道德禁区，全世界是否应联合起来预设它的方向。科学家其实开始跟法律有关系了。很多新的话题摆在人类面前。

一台演出其实没那么了不起。我觉得演出不仅是为了娱乐，今天娱乐的东西非常多。拍电影也不只是为了票房。我还是希望通过演出、通过艺术的方式让人的心灵有所感悟，这也是所谓艺术的一个最高目标。

张妮：舞台艺术的经验是否会应用在您的电影拍摄中甚至改变您的电影创作方向？

张艺谋：我应该是中国导演中跨界比较多的一个，比较杂。其实这种跨界都是学习，艺术都是融会贯通、互相影响的。你的观念、修养的提升以及对信息、资源的熟知都会反映在作品中。像"2047"让我接触到许多新的科技，当然会影响我对电影细节的处理以及故事方向的思考。如果真的用这样的观念、主题去讲一个故事的话，当然莫过于拍一部科幻电影。像英国的《黑镜》已经拍到第五季了。中国也有很好的科幻电影。《流浪地球》就是一个很好的开始。中国电影会进入一个每年都有好科幻电影的时期。我自己也很想去尝试科幻题材，当然要首先碰到一个好剧本。另外，就像"2047"一样，关注当下，关注现代人的意识、观念，可能是我们搞艺术最重要的一个方向。我刚拍完的电影《坚如磐石》就是现代题材，虽然古装电影我拍了不少，但我其实更关心现代，更希望拍一些现代题材电影，古装题材反倒不是重点。

中国观众对几部爆款电影的欢迎，首先因为那是中国味道

张妮：不只是《流浪地球》，《哪吒》《我不是药神》《战狼2》等多部不同题材的中国电影，都成了近年的爆款。您如何看中国电影市场的现状和未来发展趋势？

张艺谋：《哪吒》我还没看，好像票房已经超过28亿了，很厉害。票房也是国家发展的一个标志。中国现已成为全世界最大的票仓、最大的电影市场。所以，每年都会有爆款这种事不断发生。这

样大的市场和这样可喜的成就,也给电影人带来更高的要求,就是要有更优秀、更多样化的作品才对得起这个市场。所以每一个导演都兢兢业业,希望拍出好作品,为中国电影增砖添瓦。

张妮:不少中国电影人纷纷参加好莱坞大师班。学习好莱坞电影工业对中国电影的提升,帮助有多大?

张艺谋:好莱坞并不代表最高水准。中国电影也不是办几次大师班就能学到精髓的。我认为还是在自己的土地上、自己的环境中学习更重要。电影虽然是全球化产品,但更多还是一种本土文化的呈现。所以要了解中国的传统文化,要了解中国人民和中国社会,就是要在自己的土地上创作出属于自己的好作品。今天的许多爆款电影,从《战狼2》《流浪地球》到《哪吒》《我不是药神》等,首先是非常典型的中国作品。这就是年轻导演做得好的地方,不崇洋媚外。中国观众对这几个爆款的欢迎,首先就是因为那是中国味道,就像中国人吃中餐一样喜欢。这些电影表达了我们的情怀、我们的精神。所以,首先要把自己做好,而不是去靠拢好莱坞,学好莱坞标准。好莱坞是美国标准,是不一样的,我们要有自己的标准。自己的电影强大了,自己的国家强大了,自然会影响世界。

那一年的高考

张妮:北京奥运会开幕式至今让人印象深刻,现在回想,您现在的创作心态和2008年相比有什么变化?

张艺谋:北京奥运一晃就11年了,中国马上要开冬奥会了。北京是全世界唯一举办过两次奥运会的城市,鸟巢也是唯一举办两次奥运会开幕式的地方。这是中国人创造的奇迹。要是让我回想2008年奥运会，开幕式上的那些节目、流程、仪式，自己还是如数家珍，总觉得这里可以更好，那里可以更好。也许创作就是永无止境的。但其实今天来看，2008年奥运会开幕式已经成为经典，已经是国际奥委会公认的所有开幕式中最无与伦比的一次。中国人创造了这样的成绩，真的很难。我自己认为，今天让我再来一次，我都很难达到2008年的感觉，心劲不同了。那时中国人讲的是百年奥运梦想终于来我家。我听很多人说，仅仅是56个民族的儿童簇拥着红旗入场，《歌唱祖国》的歌声唱起这样一个流程，都让许多人在电视机前流泪。在改革开放的过程中，中国突然有这样一个机遇向全世界展示我们的风貌，那种感觉特别不一样。那个历史时期，那种情怀，是不可重复的。

张妮：今年是新中国成立70周年，如果请您讲一个自己与共和国印象最深刻的故事，您认为是哪一个？

张艺谋：故事太多了。现在回忆起来，影响我最大的还是改革开放，还是恢复高考。对我们这一代人来说，当年能上电影学院是改变我们一生的机遇，是时代给了我们这样的机遇。今天我坐在这里接受媒体的采访，好像我是一个人物似的，其实你想一想，如果当年没有恢复高考，我还在咸阳的一个纺织工厂当工人，现在早就退休了，可能就这样普普通通过一生了，恐怕啥也不是。你能做什么事，自己身上有什么潜能都不知道。你怎么知道自己会做一个导演，还能导一个"2047"？时代很重要，时代给了我们新的生命、新的机遇，我们才会有创作的可能性。所以，要让我回忆70年来印象最深的、影响我最大的，应该就是那一年的高考。

李谷一

著名歌唱家,代表作《难忘今宵》《乡恋》等。

《难忘今宵》是40年前的经典,我希望年轻一代能创作出新的春晚音乐LOGO、新的时代经典,歌名我都想好了,就叫《今宵难忘》!

新时代应该有新的音乐经典

编者按： 一首经典，一位歌唱家，一个时代。1984年央视春晚接近尾声时，著名歌唱家李谷一演唱了一曲《难忘今宵》："无论天涯与海角，神州万里同怀抱，共祝愿祖国好……"在舒缓的旋律、深情的歌声中，人们内心对祖国的真挚祝福、对来年再会的无限期盼倾泻而出。这是当年春晚的句号，也是未来30多年春晚结束曲的起点，甚至是一个时代的集体记忆。很难想象，就在1983年第一届央视春晚上，李谷一演唱的同样抒情的《乡恋》才被"平反"。此前，这首歌被批判为"靡靡之音""黄色歌曲"。那年春晚，李谷一一个人演唱了9首歌曲，相比现在春晚几乎9个人唱一首歌的现状，可谓空前绝后。2018年，李谷一和她的学生们在北京的一场音乐会上再次唱起这些经典。音乐会的主题是《改革开放四十年，引吭高歌新时代》。"没有改革开放，解放思想，就没有中国文艺的春天。这次音乐会上，我们让孩子唱《难忘今宵》，就是对中国文化的自信和传承。"74岁的李谷一在接受《环球时报》专访时神采奕奕，甜美纯净的声音里透着湖南妹子的爽朗泼辣。"《难忘今宵》是40年前的经典，我希望年轻一代能创作出新的春晚音乐LOGO、新的时代经典，歌名我都想好了"，李谷一说，"就叫《今宵难忘》！"

音乐创作爱情至上，是我们的遗憾

张妮：有不少观众反映，现在歌曲很多，但好歌比过去少了。您对此怎么看？

李谷一：说现在好作品越来越少，我不太同意这个观点。应该讲，好作品还是很多的，只是大家没有时间去筛选。改革开放以后尤其近20

李谷一和丈夫肖卓能

年，我们的歌曲作品很多，因为平台多，每个电视台都搞晚会、歌唱比赛。这有好处也有一个坏处，就是东西多了不好选择。大家都静不下心来去听。就像天天给你吃红烧肉，你会腻死。如果冷不丁吃一顿肉，你会美死去。还有一个因素，为什么过去那个旋律容易被你的父母、爷爷奶奶那一辈记住？那时的词曲作家是厚积薄发。从新中国成立前一直到改革开放，他们积累了三四十年才写出一个作品。现在的词曲作家为了适应时代发展，必须不断更新，写得要快，就很难沉淀下来。

现在日子好了，不像过去，有各种坎坷和艰辛。现在很多小孩被父母养得好，爱情至上，觉得"死了都要爱"。爹妈的爱、老师的爱、社会的爱，一概没看见。这是我们的遗憾。爱情是创作的一个重要方面，但只是一个方面。人间的爱是丰富多彩的。还有一个遗憾是，我们对流行歌曲开放的平台较多，对民族歌曲开放的比较少。

张妮：现在很多年轻歌手演唱技巧很纯熟，但被音乐评论家批评为"罐头歌手"，认为其演唱缺乏特色，很难打动人心。在您看来，如何才能成为真正的心灵歌手？

李谷一：作为一名歌唱家，最起码演唱技巧要过关。还要有对生活的观察，懂得感恩。艺术源于生活，高于生活。我们一定要下基层体验生活，才会有真情实感。现在很多演员下不了基层，一下去就被群众围观，和你照相签名，你听不到老百姓心里的话。以前我们去老山前线，有一段山路太高，实在上不去，我们就在那里拿着电话的话筒唱，战士们知道我们来了，就在电话那边听。我看见有的战士剃了光头，为什么？方便抢救。这些年纪轻轻的战士们真的是冒着生命危险在前线保卫我们。所以，你唱《十五的月亮》《边疆的泉水清又纯》，能唱出情感来。如果你不去一线，只是歌声美、甜，就根本不知道战士的艰苦环境，感受不到他们在用生命保护我们。如果你是真心实意为老百姓歌唱，唱的是发自内心的真善美，你的歌自然而然会打动别人。

1983年春晚加唱《乡恋》，这首歌解放了

张妮：改革开放之初，您演唱的《乡恋》曾受到很大争议。能否讲讲那首歌的故事？

李谷一：1980年以后，国家进一步确定了以人为本的政策，思想解放了。《乡恋》就是改革开放初期，词曲作家、中央电视台和文艺工作者组成的这个创作组，对时代进步敏锐捕捉，而创作出来的。它当时配乐用的探戈等节奏，电子鼓、电吉他等乐器的使用过去都是不被允许的。迪斯科的节奏那时都如洪水猛兽一样。这首歌的唱法也和以往不同，要娓娓道来，如诉如泣，这样才能唱到人心里去。就像我要跟你说悄悄话肯定是很亲切的，绝对不会大声喊叫，唱歌也如此，这是情感的需要。那个年代是一个空窗期，大家不知道创作的方向是什么。我们创作组认为歌曲让群众喜闻乐见就行了，其他没考虑那么多。没想到，这首歌一出来就受到很大争议，被一些人认为是"靡靡之音"，被批判为"反党反社会主义""厕所歌曲""黄色歌曲"。1983年春晚导演黄一鹤后来告诉我，当年春晚现场的热线接到大量点播《乡恋》的电话。坐镇现场的广电部部长吴冷西走来走去，思考了半天，冒着丢乌纱帽的危险，终于当场拍板，决定顺应观众要求，让我加唱《乡恋》。这首歌解放了。在改革开放初期，这是对文艺工作非常大的支持、关心和爱护，明确了文艺创作的方向。我们就是要唱老百姓喜欢的歌，为人民歌唱，为祖国歌唱。现在各种唱法百花齐放，通过青歌赛等平台，涌现了大批优秀的音乐人才，迎来了文艺的春天。《乡恋》相当于推开了一扇窗，踢开了一扇门。

张妮：《难忘今宵》作为春晚保留曲目，已成为一代人的记忆。演唱这首歌30多年，是怎样的心路历程？

李谷一：过去的晚会结束歌曲都是蹦蹦跳跳、欢天喜地、锣鼓喧天的。但《难忘今宵》的旋律恰恰是抒情得不能再抒情，戛然而止后，让我们在安静温馨喧哗过后冷静地想一想，今年我们自己和国家有哪些变化，做了哪些事。展望明年，我们还计划做什么。尽管当时有人不同意用这首歌，说太抒情了，不像晚会结束曲，但最终导演组还是采用了。我想，词曲写得好是重要原因，当然，我当时唱得也不错。如果唱得不好，这首歌可能会被毙。我再次强调，词、曲是第一第二创作，演唱是第三创作。通过歌唱家声音和情感的表达，大家才知道这首歌唱的是什么，是怎样的情感。词曲是骨头、肉，演唱、情感是魂。没有情感的魂，歌曲立不起来。

《难忘今宵》现在成了中央电视台春晚的音乐LOGO，从1984年到现在，它的旋律出现了32届。老百姓觉得好像《难忘今宵》不出来，晚会就没结束。前几年哈文导演执导了三届春晚。第二届的结束曲写了一首新歌，广大歌迷普遍反映不理想。哈文导演虚心接受了老百姓的意见，第三届又恢复了《难忘今宵》。一个春晚总导演不固执，能细心听取群众的意见，是很了不起的，很值得我敬佩。《难忘今宵》当然是经典。但它是40年前创作的。我希望40年后，年青一代能创作一曲新的春晚音乐LOGO。这是我作为一个歌手和群众的强烈要求，新的时代我们应该有新的作品。

改革开放以来，中国音乐有了非常大的发展。但在节奏上，还是在模仿西方。习近平主席强调文化自信。中国文化博大精深，我们要学好传统文化，并用新的方法传承和发扬传统文化。中国有300多种戏曲，戏曲里的节奏丰富多彩。我们完全可以把其中的艺术特色与当下的流行文化结合起来。《浏阳河》就是从花鼓戏《双送粮》中改编的戏歌。另外，在中国的舞台上演唱中国歌曲，不要去唱什么"BABY""GOGOGO""I LOVE YOU"……我爱你，说中国话就好了，唱几句英语你就高人一等了？我父亲就是教外语的，外语只是工具，不是用来嘚瑟的。尤其在艺术上，母语不能轻易改变。

从民族唱法到中国学派

张妮：您唱了近800首歌曲，近一半是晚会歌曲。您如何看待"晚会歌曲"这种很有中国特色的艺术形式？

李谷一：中央电视台各时期的晚会我基本都参加了。过去一个工厂只有一台电视，现在每家都有电视。经济发展了，文艺节目就得跟上。过去逢年过节有晚会，现在有很多新节日，晚会越来越多，且越来越好看。这说明人民群众的文化生活越来越丰富。很多海外华人也希望下一代通过中国的晚会了解中国文化。所以，我觉得晚会歌曲还是有必要存在的，这是中国的一大特色。

张妮：每年春晚，大家都会议论"真唱假唱"的问题，作为春晚的常青树，您对这个问题怎么看？

李谷一：20世纪80年代、90年代以及2000年以后，都有几届央视春晚尝试过现场"真唱"，但效果不理想。所以，大多数央视春晚的歌舞类节目播出时还是使用提前录制的声音。这也不能叫假唱，因为用的不是别人的声音，也不是歌唱演员几年前的声音，都是为了这次春晚演出最近几天录制的，是"现时声音"。像《难忘今宵》每年要换新的演员，每次必须重新录制。歌舞类演员在央视春晚当天的演出现场并不是不出声，都是要真唱，而且唱得很认真，否则情绪跟口形都对不上。只不过，现场演唱的声音是被关掉的。电视机前的观众听到的是提前几天录制好的声音。

我个人认为,现场真唱挺好的,这也考验歌唱演员的真本事。但有时歌舞类节目又唱又跳,可能会出现歌唱演员跑调、忘词等问题,影响演出整体效果。央视春晚属于电视录制类节目,有亿万观众收看,受关注度高,是中国人家国情怀的集中体现,为确保每个节目都干净完美,这样做是可以理解和允许的。何况,现场演唱和播出效果并不完全一致,还涉及很多播出技术问题。如果是卖门票的商业演出或比赛选秀类节目,应该百分之百现场真唱。央视春晚的相声、小品等语言类节目,必须是现场原音。这就要求演员严格控制时间,不能随便加词、超时,否则会影响后面的节目安排。此前就发生过因为前面的节目超时两三分钟,导致后面某个节目被临时取消的情况。因为一个节目就两三分钟时间,而12点敲钟的时间不能改变。关于"真唱假唱"的问题已经争论很久了,大家没必要在这个问题上纠缠。作为电视录制类节目,央视春晚不存在"真唱假唱"的问题,希望大家享受春晚,好好过节。

张妮: 您所引领的中国"民族唱法"现在为何被称为"中国音乐学派"?其意义是什么?

李谷一: 我们在和国外进行学术交流时,他们经常问我们是哪种唱法。我们回答是民族唱法。他们问是哪个民族,我答不出来。我是汉族,但中国有56个民族,每个民族有自己的语言、自己的唱法。少数民族的唱法是天然没有雕琢的。而我们学的是西洋的科学发声,是经过雕琢的,属于"学院派"。我们的唱法不同于民族唱法,跟西洋唱法也有区别。比如,在腔的使用上,西洋唱法更靠后一些,我们母语靠前。亚洲人器官长得小巧,西方人的鼻腔、喉胸、胸腔都比我们大，他的腔力也很大。所以，中国的"学院派"是结合中国戏曲和民歌元素糅成的一种中西结合、真假声结合的混声唱法。

改革开放以后各种流派、学派都进来了，包括俄罗斯学派、美国学派、德国学派、意大利学派、保加利亚学派等，中国最推崇意大利学派，但世界上还没有中国学派。业内人士认为，中国的民族唱法、学院派、传统戏曲等应被统称为"中国音乐学派"。国家发展了，我们的音乐也应该创建自己的学派。这是对中国音乐的一种意义。

李六乙

著名话剧导演,代表作《四川好人》《李尔王》等。

东西方文化到底有没有区别?我觉得本质上没有,莎士比亚也好,契诃夫也好,他们的文学、哲学在当代都非常适用,有指导性。追溯到诸子百家时期,中国的哲学和古希腊哲学一样光辉灿烂,苏格拉底和老子的很多思想是一样的。

东西方艺术本质上没区别

编者按：作为话剧《李尔王》的导演，李六乙是这部剧的核心。在排练现场，他默默地坐在一边观看，不时用相机拍照。排练结束后，所有演员集合，大家都看着他，安静地等他给出建议。他的声音很轻很低，和善低调。但做起事却有股子狠劲儿。出生川剧世家的李六乙曾执导过昆曲、京剧、豫剧、川剧、评剧、歌剧、话剧、音乐剧、芭蕾舞剧、现代舞剧等各类剧种，被誉为"真正懂得中国戏曲艺术的话剧导演"。而此次改变莎士比亚的经典，他再次使了把狠劲儿，让一个演员在一场戏中说了段山东方言。"我们过去有一个误区，认为莎士比亚剧是高高在上的。"李六乙对《环球时报》记者说，"我们把原著所有的语言改成平民化了，非常接地气。回归了真正的莎士比亚剧。"

张妮：您想把这部戏做成中国的莎士比亚剧，您是怎么理解这个中国式的莎士比亚的？

李六乙：主要是从翻译的层面解决了很多问题，莎士比亚原著的文本太文艺、太诗意、太散文化，阅读时非常漂亮，但演起来就困难了。这次我和翻译一起按照话剧的要求重新翻译，做了九个月，把所有的语言平民化了，非常接地气，听起来很好懂，但又没有失去莎士比亚语言里应该有的思想性、哲学性和诗意，回到了真正的莎士比亚剧，这是很大的改变。我们过去有一个误区，认为莎士比亚剧是高高在上的,其实它是非常平民化的,不是我们想象的那么高不可攀。相对于契诃夫,我个人觉得莎士比亚剧更通俗。我们很多剧本通俗就是通俗,缺少应有的思想魅力,但莎士比亚不一样,它通俗,但依然有诗意、有思想。

张妮:为什么会在四大悲剧里面选《李尔王》?它对我们现代生活的启示和价值是什么?

李六乙:过去我们在研究莎士比亚戏剧的时候都忽略了一个问题,就是其政治哲学。《李尔王》是关于怎么做一个好君王、一个有智慧的君王的代表性作品。这部戏刚开始看起来是家庭关系,国王父亲给女儿们分财产,这样接地气,每个家庭都会分财产,但它背后的意思不是一个家庭,而是升华到一个国家、一段历史,再放大到整个西方以及整个人类社会。莎士比亚的高明之处就在于此。

如果从表层去理解,普通观众能从这部戏中看懂什么是爱,什么是孝,什么是忠诚。在这背后,还有信仰问题、人和天地的关系问题。李尔认为自己是借助神的意志来管理、统治这个国家,但他直到后来落难时,才发现有那么多受苦受难的人民,才意识到应该关心普通人的福泽问题,这完全是马克思的思想。

另外,这部戏还涉及人性与神性的问题,这是一个永恒的问题,现在中东出现的很严重的问题就是政教合一、宗教的极端化和政治联姻带来的问题。对西方来讲,基督教精神非常重要,是每个人生活中必需的,怎么来处理人性与神性的关系是很重要的。这部戏也在探讨人应该如何回归上帝、能不能复活,这是一个很有意思的世界性问题。

张妮:您此前也翻拍过很多外国经典,比如《俄狄浦斯王》

《安提戈涅》。在您看来，东西方文化有没有区别？

李六乙：东西方文化到底有没有区别？我觉得本质上没有，莎士比亚也好，契诃夫也好，他们的文学、哲学在当代都非常适用，有指导性。我们也会犯同样的错误，人都是这样的。追溯到诸子百家时期，中国的哲学和古希腊哲学一样光辉灿烂，苏格拉底和老子的很多思想是一样的。那时候没有电脑、没有电话，隔那么遥远，为什么他们很多思想是一样的？因为人的智慧、认识到了一个相当的高度，它就没有区别。莎士比亚就是东方的，中国文化就是西方的。这是个人认知，也是我拍国内外经典的出发点，这和很多人的认知完完全全、彻彻底底不一样。

张妮：您曾表示，如果一个国家拿不出属于自己的竞争产品，是对民族自尊心很大的伤害，您认为属于中国的竞争产品是什么？

李六乙：我现在特别不喜欢把什么中国元素放进去，我觉得太狭隘了。中国人穿西装、打领带非常适应。中国人吃黄油、喝红酒，你也没觉得他是外国人。只是红酒该怎么喝、黄油怎么吃，方法不一样而已。

我一直认为，中国的艺术表达方式超越西方。西方更多是物质论，看得着才在，我们是看不着也在，更高级。比如，国外的艺术家在舞台上表现水，就用布在舞台两边拉着抖，但在梅兰芳的演出中，除了船什么都没有。方法论也高于他们，西方的现代主义绘画哲学和中国的抽象艺术比起来晚多了。这就是我们的自信。

话剧《李尔王》里就有中国的哲学和中国的艺术方法。比如，所有士兵站在舞台的旋转台上不停地转，表现出时空的自由和随意，表面上什么都没有，但你完全能看到它背后残酷的战争。

张妮：莎士比亚跟汤显祖是并列的伟大的剧作家，但是为什么莎士比亚的思想到现在还在全世界有这么大的影响力，但是中国的戏剧好像始终都没有走出这个圈子？

李六乙：这里可能有一个很重要的问题，就是二者的艺术表现方式不一样。有人说，汤显祖的《牡丹亭》让昆曲更加成了昆曲。你让西方用昆曲的形式来讲汤显祖他能演吗？不能。而无论是莎士比亚剧还是希腊剧都是话剧，那种形式相对来说更容易传播。另外，汤显祖的剧在那个时代就不是写给大众看的，一般的老百姓看不懂。昆曲那个时代不是老百姓的艺术。而莎士比亚是写给老百姓看的，这也是二者很大的不同。

宋英杰

中央电视台《天气预报》节目首位主持人、中国气象局首席气象服务专家。

二十四节气是未完待续的文化,千万不要觉得它博大精深到毫无局限。谁来续?现代人有义务也有能力。

二十四节气是未完待续的文化

编者按：专访宋英杰那天，刚过白露。强调节气并不是因为《环球时报》记者对此有研究，而是这位3岁就能背诵最长版节气歌的"中国气象先生"说："'白露不露，长衣长裤'，但我还穿着短袖，因为没觉得冷，说明现在气候变化了，谚语所指导的那个年代跟现在不一样了。"虽然身为央视天气预报主持人，但宋英杰研究的不仅仅是天气。他出版的《二十四节气志》被称为以文学的笔法、气象学的算法来写就的节气百科。"二十四节气是未完待续的文化，我们的民族在认识自然的过程中，与节气相关的智慧有很多独特之处，但千万不要觉得它博大精深到毫无局限。"宋英杰说，"谁来续？现代人有义务也有能力，因为你比古人视野更开阔，可以借助的仪器、技术更多。"

既在居家日常，也是诗和远方

张妮：中国的二十四节气去年申遗成功，您如何看节气的文化属性？

宋英杰：节气真的是博大精深的文化，当然其中有科学。去年，二十四节气申遗成功，有句话对其做了一个非常浓缩的定义："二十四节气"是中国古人根据太阳周年认知天气、气候、物候的规律和变化所形成的完整的知识体系和应用体系。这句话有两个关键词，第一是"规律"，第二是"变化"。《易经》中说："一阴一阳谓之道，阴阳不测谓之神。"道就是规律，神就是变率，是琢磨不透的那个东西。中国古人就是通过二十四节气来掌握规律和变化的。

节气的前身和血统是天文学。为什么刚开始只有夏至和冬至两个节气？因为有天文学的表象，就是白昼最长和白昼最短的日子。然后有了划分季节的春分、秋分、立春、立夏、立秋、立冬，最后才有界定物候的节气，如小满、芒种。物候我们熟啊，燕子来了吗？桃花开了吗？青蛙叫了吗？在二十四节气的发展过程中，人们不断注入自己的智慧。我写这本书最大的感触是，二十四节气是未完待续的文化，我们的传承不应只从古迹中寻章摘句，还要留下这个时代对它的贡献，使它充盈着科学的雨露，洋溢着文化的清香，使它既在我们的居家日常，也是我们的诗和远方。

张妮：为什么二十四节气偏偏诞生在中国？其他国家有节气文化吗？

宋英杰：一家之言，我认为，单纯从气候的角度来看，中国的气候很独特，节气起源地区是季风气候，特点是雨热同期，天最热的时候雨水也最多。也就是说，阳光和雨露叠加在那个最极致的时段，它的光、热、水的效率最高，最容易养活人，最容易诞生文明。它容易为善，也容易为患，给点阳光就灿烂，来点雨水就泛滥。就是在这样的气候背景下，人最敏感、最细腻，最愿意去钻研赖以为生的气候。

中国文化的辐射能力实在太强了，东亚和东南亚的很多国家都受到节气的熏陶，当然会有一些本地化的改造，尤其是日本。我曾特别赶在一个时段到日本去过春分，日本叫"春彼岸"，他们把祭祀放在春分和秋分。为什么叫彼岸？就是我生活在此岸，我要一年找两个时段和已经逝去的、已经在彼岸的心灵对话。我的下一本书就想把各国的气象谚语和中国谚语做一个比对，有哪些比我们还精彩，哪些比较独到，我们别盲目自恋，也别妄自菲薄。

不能你强大后就生生把具有野性的天气关在笼子里

张妮：燕子低飞、蚂蚁搬家，生物气象台的预报往往很准，人类气象台真的比它们更准吗？

宋英杰：我们对人类智慧要充满期待和信任。我讲个例子，几年前，童话大王郑渊洁先生早上起来看到蚂蚁在垒窝，他就想是不是要下雨，于是他在微博上@我，说蚂蚁气象台预报有降水，所以紧急构筑防水工程，可是北京市气象台没报降雨，今天我就要看看蚂蚁气象台和人类气象台谁更准。我觉得这件事很有挑战性，就和几位气象专家一起商讨了一下，确定北京那天只阴天不下雨，我就在网上回应他说：谚语是这样的，"蚂蚁垒窝天气变，蜜蜂出巢天放晴，蜘蛛结网大风起，鸡不入笼阴雨来"。蚂蚁垒窝只说明天气变，但气压、湿度变了未必下雨，还有一个补充条款：看鸡有什么反应。最后，那天的天气实况是，北京只阴天没下雨。网友们调侃说：真不容易，人类气象台还战胜了一次蚂蚁气象台。万一结果是相反的，我们真不敢想象。

实际上，人类一直在集成各种生物的智慧。但动物的局限在于，它们敏锐的感知仅限于一亩三分地，短时邻近预报有时比谁都准,但请一个蚂蚁去预报太平洋上一个台风的路径和登陆时间,怎么可能比人类气象台准呢?所以,每种生物的气象台都有自己的业务缺陷,相比来说,人类的气象台还是最准的。

张妮: 既然每种生物的气象台都有业务缺陷,那人类的缺陷和局限是什么?为什么现在的科技水平越来越发达,人类的预测仍然难以确保完全准确?

宋英杰: 人类最大的局限就在于常常认为自己无所不能,并且要求其他学科无所不能。在社会分工越来越细的情况下,你我之间的共同语言越来越少。因此,我们常常会神话对方或者苛求对方。实际上,再复杂的气象方程也无法还原这个世界的复杂;你观测的网格再细密,也难以穷尽这个世界的山山水水。人类的认识终究有局限。

我们常说,天气即天意。天气是这个星球上固有的现象,不会因为你的到来它就应该消失。也就是,"天行有常,不为尧存,不为桀亡"。有人说,科技发达了,是不是可以人工增雨?台风那么可怕,消灭它不行吗?我的观点是,我们对天气应该存有敬意。我们不能脸谱化地看待那个瞬间的凶残和暴力,实际上,从广义来看台风,它是以人类阵痛的方式去实现大自然的一种调节和优化。如果没有台风,干的地方更干,湿的地方更湿,热的地方更热,冷的地方更冷。它实际上是对温度和水汽的一种再分配,是这个星球上水资源和温度资源的税务总局。所以,我们要尊重天气的必然性。不能你强大后就生生地把具有野性的天气关在笼子里。人类的强大是尊重、规避它带给我们的风险和灾害,而不是消灭它,这才是生态文明。

千万不要觉得它博大精深到毫无局限

张妮：与发达国家相比，中国的天气预报处于什么水平？

宋英杰：现在各国天气预报的业务水平差距都不大，因为这个学科一直以来所形成的全球资料实行实时免费共享机制，即使在冷战时期也如此。大家都不藏着掖着，毫无保留地把各自的观测和智慧奉献出来，并形成大量的国际性或区域性的合作项目。这是我所看到的几十年中人类的伟大之处，它超越了意识形态，这也是我敬仰这个学科或这种机制的原因之一。剩下的就是专业预报员基于自己的经验，对本国本地天气气候特征的经验判断。差距大的可能是你本身的技术理论研究还没完全跟上，借助别人多些。

张妮：为什么您说二十四节气是未完待续的文化？我们对它的研究还有什么欠缺？

宋英杰：我们的民族在认识自然的过程中，与节气相关的智慧有很多独特之处，但我们也有一些局限，不要讳言。第一，不量化。很多古籍中记录气象灾害最常见的四个字是"死伤无算"，直到今天还有一个常见句式叫"据不完全统计"。在认识自然方面一定要精准。2012年北京"7·21"暴雨，最后能清晰记载有79人遇难，去年"6·23"盐城龙卷风有99人遇难，这是巨大的进步，是对每个生命的珍惜。第二，不系统。以现代科学看，天气气候的预测不仅要定量，还要定点、定时，但古代正史中的气象记录，往往是发生极端性的灾或小概率的"异"才进行记录，连续型变量成了离散型变量。研究天气表象背后的规律遗失了无数原始依据。一个重要原因是，古人往往将不合时令的寒暑旱涝视为帝王将相失政的

"天戒"。第三，不因果。中国古人往往停留在表面的灵验，错过了深究它内在逻辑关系和物理原因的机会。这就是为什么中国对天气的认知一直是领先的，但明代中期渐渐落后了。

此外，二十四节气、七十二物候的本土化和当代化我们做了吗？节气中有对沙漠气候区的描述吗？对草原气候区、高原气候区的描述是否少之又少？有人写过青稞、胡杨、梭梭、沙棘吗？我知道该写，但我没有那么广泛的知识，这是需要时间的，急不来。所以我说，二十四节气是未完待续的文化，千万不要觉得它博大精深到毫无局限。谁来续？现代人有义务也有能力。如果大家有兴趣，就一起让它更丰富、更精彩、更准确，让文化和科学能真正合体。

陈履生

中国国家博物馆原副馆长、中国美术家协会理事,创建陈履生美术馆、汉文化博物馆、竹器博物馆等。

在中国,要想建立起一个百科全书式的、展示中西方文明及世界艺术各发展时期整体框架的收藏体系,需要几代人的努力。只有博物馆的强大,才有国家文化的强大。我们需要唤起全社会对博物馆的认知,希望通过民间的努力逐渐弥补国家收藏体系的不足。

崛起的中国需要强大的博物馆文化

编者按：随着生活水平的不断提高，国人对文化生活的需求不断增加，越来越多的人走进博物馆，展开与古老文明的对话。与此同时，与博物馆有关的热点话题也层出不穷。如何发掘博物馆的教育功能？兵马俑手指在美被掰，该怪谁？抖音是在"恶搞"文物还是让文物"活起来"？中国国家博物馆原副馆长陈履生就这些问题一一抛出自己的看法。

中国博物馆普遍欠缺独特性

张妮：在国外，带孩子去参观博物馆已经成为很好的教育方式，但在中国这种方式尚处于萌芽阶段，您如何看博物馆的公共教育功能？

陈履生：中国的博物馆起步较晚，到现在为止，中国国家博物馆才105年历史，但西方发达国家的博物馆有两三百年历史，博物馆及藏品的数量、规模都远远超过我们。因此，基于博物馆的公共教育在西方是一种常态化发展，孩子走进博物馆接受早期教育比较普遍。虽然中国博物馆事业起步较晚，但我们有体制优势，比如北京市要求中小学生每年去国家博物馆和首都博物馆两次。现在，到国家博物馆参观的学生数量应该是全世界第一。不过，这种基于体制的推广在中国各城市间是不均衡的，由于教育资源的差异，博物馆教育在一些中小城市难以实现，这也反映了中国博物馆发展不均衡的特点。

博物馆在一个城市中应该有自己独特的地位，它不仅应成为孩子的第二课堂，还应形成持之久远的、让几代人相关联的一种文化依赖。显然，带着孩子去博物馆和自己去博物馆是不一样的，这是一种作为父母、老师的教育职能。孩子在家长或老师的带领下，可以在博物馆里看到与书本知识相关联的实物，通过对历史文物和艺术品的欣赏，感受到教科书里曾经提到或没有提到的历史和艺术的问题，引发他们的憧憬和想象。在博物馆中，我们既可以获得很多历史、艺术方面的知识，还可以获得人文环境的享受。博物馆的综合文化属性决定其本身的建筑、展陈，包括餐饮、纪念品等都不同于外部。这种早期教育可能会伴随着孩子终身的成长。

张妮：很多家长也想带孩子参观博物馆，但总觉得国内的博物馆比较乏味，您怎么看当前国内博物馆的整体水平？

陈履生：就中国的博物馆发展现状来说，与西方发达国家是有差距的，这个差距并不是表现在其建筑体量上。我们有一些省级博物馆的建筑规模都相当庞大，中国国家博物馆的建筑面积位列世界第一。但是，我们并没有建立起像大英博物馆、大都会博物馆那样百科全书式的博物馆体系，在收藏、展览、研究、学术交流等方面也比较欠缺。

藏品是博物馆的立命之根，没有藏品的博物馆只是建筑，但一般性的藏品难以建立起一个博物馆的权威性，只有那些历史价值非常重要或者独特性的藏品才能为博物馆带来特殊的荣耀，才有可能基于藏品而举办优秀的展览，通过这些展览才能吸引更多公众。藏品的单一性或博物馆的同质化倾向，使国内很多省级博物馆几乎大同小异。因为我们忽视了博物馆学中的一个重要概念——独特性。百科全书式的博物馆需要在一个很长的历史跨度内兼顾世界不同的文明，继而衍生出不同文明中的文化创造。但是，对于一般性的博物馆来说，它即使不能建立起百科全书式的体系，仍然可以因独特性而确立自己的社会地位。世界上有很多博物馆即使硬件很普通，或藏品数量不算很多，但依然可以成为全球闻名的博物馆，比如埃及国家博物馆只有10余万件文物，硬件还停留在100年前的规模和品质上，但它是世界十大博物馆之一。因为它有法老时期的重要文物，藏品的独特性确立了它独特的价值所在。

张妮： 最近几年，私人博物馆在中国越来越多，国家级博物馆与私人博物馆的作用有何不同？

陈履生： 在世界博物馆的藏品来源中，绝大多数都是依靠私人捐赠。300多年前，世界上最早的博物馆出现，就是因为有藏家向国家捐赠自己的藏品，化私有为共享。当然，捐赠给国家是一种方式，也有一些藏家用自己的藏品建立私人博物馆，这在世界上不胜枚举，中国也越来越多，但由于缺乏准入法规及有效监管，使得中国的民间博物馆良莠不齐。上海的重要藏家刘益谦、王薇夫妇建立的龙美术馆可以说是中国私人博物馆的典范。尤其是王薇收藏的以延安以来主题创作为主题的作品，其中有相当一部分是国家收藏的重要补充。这些作品由于历史原因没有进入国家收藏体系，20余年来流落到市场中，成了王薇收藏的主要目标。她的收藏独特性正是建立在自己多年的努力上，当然也需要大量的资金支持。

除了通过博物馆展示中华五千年文明史，国家也希望弥补我国在西方艺术品收藏中的不足，但这条路很艰难。因为西方的收藏体系是在特殊历史时期形成的，我们错过了那个时期，失去了很多可能性。现在很多西方大师的作品价格非常昂贵，数量非常珍稀，比如荷兰画家维米尔的画存世只有34件，要想拥有它已经不是论亿来衡量的价格问题，还涉及很多其他问题。因此，在中国，要想建立起一个百科全书式的、展示中西方文明及世界艺术各发展时期整体框架的收藏体系，可能通过几代人的努力也未必能实现。崛起中的中国需要有强大的博物馆文化，只有博物馆的强大，才有国家文化的强大。因此，我们需要唤起全社会对博物馆的认知，希望通过民间的努力逐渐弥补国家收藏体系的不足，为创造一个各具特色、美美与共的中国博物馆体系而努力。

中国文化对工匠的尊重不够

张妮："工匠精神"2016年第一次被写进政府工作报告。在大力倡导"中国制造"向"中国创造"迈进的今天，要实现产业转型升级，塑造中国人自己的品牌，需要怎样的工匠精神？为什么长期以来，我们缺失了这种精神？

陈履生：从新石器时代以来，中国的手工艺逐渐发展出陶器、青铜器、玉器、瓷器等，表现出很高的成就，其背后都凝聚着一种工匠精神。然而，从某种意义上说，在现代化发展的过程中，我们的工匠精神处于失传的状态。其中的因素很复杂，我认为主要有几个原因。

一是现代化技术的发展会淘汰一些传统手工艺制作。比如，现代建筑用砖雕工艺的越来越少；由于瓷器很便宜，瓷器修复的绝活儿没人做了。虽然在一些高档家具中，像木雕这样的传统手工艺在一定程度上得到传承，但整体水平下降。从根本上说，这种工匠精神只残存在我们的记忆或怀想之中。凡工和良匠的区别在于，前者是一般的手艺，能把东西做出来，但没有高品质追求。后者是有杰出的成果，是行业中的佼佼者，在某一个技术标准上是顶尖的。而大师则能做到在传承中的创新和创造，标高一个时代，影响几代人。但是现在，能静下心来，不被外界名利诱惑、左右，去精心搞创作的良匠和大师非常少。

二是中国文化对工匠的尊重不够。一部中国文化史可以看到无数文人墨客的姓名，而那些被供奉在博物馆、受人尊敬的手工艺作品，很少有人追问是谁做的。鄙视工匠是中国传统中一个很不好的习惯。由于工匠得不到社会的尊重，后人感觉社会地位低下，宁愿到大城市去打工，也不愿意传承家族手艺。我们的宇宙飞船能上天，为什么马桶盖、电饭锅就做不好？应该把工匠精神上升到提升整个中国制造业水平的高度去认识。

三是中国社会对审美、文化的追求缺少过去文人的讲究。中国社会经过了战争的年代、贫困的岁月、革命的时代，导致我们生活中很多时候都很"将就"，而不是"讲究"。其实，讲究用什么杯子喝茶不是过度消费，而是提升整个民族对于品质生活和改善社会形象的生活态度。这种态度有助于刺激中国制造从低端走向高端。原始社会的陶器很粗糙，后来因为追求品质，才发展出瓷器。社会发展水平越高，对品质生活的追求就越高。和20世纪80年代相比，我们从衣着到家居都在不断更新换代。

对于公众来说，提高对品质的追求需要一个过程，而对于国家来说，应提前看到这个问题的重要性，否则中国人都大把花钱去买国外的产品了。因此，中国政府现在提出要着重培养工匠精神，确实非常及时。

兵马俑手指被掰，我们的责任何在

张妮：秦始皇陵兵马俑2018年在美国费城的富兰克林科学博物馆展出中受损，一个手指被肇事者掰掉。这一重大事故，反映出国内外文物保护展览方面存在的哪些问题？

陈履生：这件事让我非常震惊。据了解，直到几周后，博物馆工作人员才发现这个兵马俑少了一根手指。可见该馆在管理上几乎到了没有管理的地步。这次事件属于博物馆中必须保护而缺少保护的严重事件，应该深入反思。

尽管我去过世界上300多家博物馆，也去过费城，但没有去过富兰克林科学博物馆，此前也没有听说过这家博物馆。费城富兰克林科学博物馆是隶属于学会下的一个博物馆，通常这种博物馆规模不是很大，它的安保基础设施很难保证展品安全。肇事者是在闭馆之后进入博物馆中，其过程没有被保安发现，可见，该馆的监控系统形同虚设。国家如此重要的文物出国展出，场馆中没有或缺少必要的安保措施，没有或缺少安防方面的预案，这也是我方的失察。博物馆的安保不怕一万，就怕万一，保证"万无一失"需要有具体措施。如果博物馆内有最基本的红外线报警,当有人进入某个区域,尤其是在闭馆后进入某个区域就会报警;报了警,安保人员应在第一时间赶到现场;到了现场能快速而有效地处理问题,保护现场,这些都是博物馆应有的一个基本要求。

就我曾经在国家博物馆工作的经历和经验而言,国外一些博物馆尤其是声名显赫的大馆对于和我们的合作,都有严格的场馆方面的要求,不仅仅涉及展品安全与保卫的问题,还有对温度、湿度等场馆硬件方面的具体指标。2011 年,德国与国家博物馆合作的"启蒙的艺术"展览,德方甚至在国家博物馆的展厅内安装了能在德国监控温度和湿度的监控设备。在这些大馆的严苛要求之下,国家博物馆这么多年来没有发生过任何关于展品安全方面的问题,既保证了国家博物馆的声誉不受损失,同时也建立起与国外博物馆之间合作与信任的基础。这个基础就是以展品的安全为首要的。

在国际交流展方面,我们即使不能经常和大都会博物馆、大英博物馆这样的世界一流博物馆合作,退而求其次和中型博物馆合作,也必须提出像一流博物馆那样的安保方面的要求。而到了与小型博物馆的合作,应该谨慎,相关部门应该严格控制,严格考察对方展馆是否具备基本的规模和设施要求,提出文物出国展览对场馆的基本设施要求,如不符合国家要求,这种展出要明令禁止。

这次受损的兵马俑展属于没有展柜的裸展。裸展通常是展出一些大型的、不易损坏的展品。全世界大小不等的博物馆中都可见到。裸展是所有展出方式中安防级别最低的。因为展品没有展柜、没有玻璃罩的保护而裸露在外面,有的甚至触手可及,因此,配备专门的人员看管比较常见,配备相关报警设备基本上是标配。如果缺少必要的硬件防护就很容易出问题。现在，博物馆界提出与观众互动，使得有些人误认为是观众与展出文物之间直接互动。事实上，互动方式多种多样，不管如何互动，不能触摸展出原作是底线。像墨西哥人类学博物馆在中央大厅里展出巨大的玛雅或印加文明中的石质文物，基本上没有任何防护，触手可及，但多年来少有触摸，也没有损坏。这是建立在公众主动不触摸的基础之上的。毫无疑问，公众有对历史文物的敬畏之心，需要一个历史过程，需要几代人的努力，需要教育的支撑。有的博物馆中可看到有盲人触摸展品，那是专门为盲人准备的复制品，而不是原作。像秦始皇陵兵马俑这样有两千年以上历史的中国重要文物，在任何国家都不应产生与之互动的问题，用展柜、隔离带等技术手段去隔离它和公众之间的直接接触，是非常必要的。

秦始皇陵兵马俑多次到国外展出，我们往往只注意到展出获得的成功和反响，但并不代表展出场地都是一流的。对国外展出场馆硬件及管理能力的失察，或许也反映了一部分人的不自信，认为只要到国外展出就是好事。中华传统文化精髓是最值得中国人自信的，但我们在面对国外展馆时，却缺乏应有的自信。这次兵马俑展出事件，给我国的出国文物展览敲响了警钟。在对外合作中，尤其是中国重要文物走出去的过程中，再也不能文物完好地去，缺个指头回来了。

兵马俑"抖起来"与文物"活起来"

张妮：2018年"5·18"国际博物馆日当天，抖音联合多家文博单位联合制作发布的"第一届文物戏精大会"H5视频,在朋友圈刷了屏。视频中,中国国宝级文物"放飞自我",在"什么是当当当"的音乐中挥舞荧光棒,眨起98K电眼,跳起拍灰舞,兵马俑则高呼"作为中国的icon,我们不红,始皇不容"。据称,该视频4天播放量突破1.18亿。您如何看待用这种"不严肃"的方式传播"严肃"的博物馆文化?

陈履生:通过这种方式向广大年轻人传播推广国家文物形象,的确起到一定作用,但这种方式有待商榷。处身于社会中的博物馆所面临的是一种复杂的社会和文化的关系,保留历史、弘扬文化是其基本的职责。博物馆和博物馆的工作人员对于文物的尊重、对于文化的维护,是最基本的职业道德和职业伦理,因此,在面对诸多问题时首先考虑的是文物的尊严,这其中包括对文物价值和历史地位的认识。不管是秦代的兵马俑,还是汉代的说书俑,中国古代艺术品所凝固的形象正代表中国艺术的精华之所在。凝固的庄重,静态的庄严,所表现的是中国艺术在表现上的瞬间把握,这个瞬间的定格是中国美学的精气神。可是,"抖音"中的恶搞,不仅颠覆了中国文物经典的社会认同和博物馆的价值观,某些专业方面所给予的认可,更让人们大跌眼镜。人们不禁要问,这个博物馆的新时代怎么啦?文物"活起来"是有专业的内容和专业的考量,不管任何方式的活,都不应该让文物所反映的文化尊严受伤。同样,"活起来"也有高下,也有雅俗。缘起于中国台湾故宫让那些帝王及其相关的生活方式"活起来"卖萌,一种低级趣味像传染病一样正蔓延在中国文博界。20世纪初推翻帝制而有了共和的革命成果,在这些"朕知道了"的卖萌的方式中"活起来",显现了这个时代中的文化悲哀。

  当面对"断臂的维纳斯"曾经有数十种"植肢"方案时,最终选择的还是保留原状,显然,这里的"断"的残缺是最美的,而不管哪一种方法使其恢复,都可能破坏她在人们心目中存留的那种独特的美。这就是博物馆的价值观。无疑,也有好事者通过现代数字手段使其断肢重生,但至少是难以获得博物馆的认同。所以,面对历史和艺术,科技也不是万能的。可以想象的是,如果断臂的维纳斯在今日的中国,可能早就"活起来"了。

  张妮:博物馆应该怎样"活起来"?

  陈履生:在中国的现实中,在大众娱乐生活的范围内,"活起来"的代表有广场舞,但是,国家大剧院不能因为"活起来"而把广场舞请进国家殿堂。博物馆是公众心目中的殿堂,是需要仰视和行注目礼的,它的一举一动受到社会的关注,正因为其特殊的社会地位和文化尊严。因此,与博物馆相关的文物"活起来"绝对不应该是"抖音"的那种"活起来"的表现方式。博物馆对科技手段的应用,应该坚持在主业上的运用,而非歪门邪道,剑出偏锋。不能用"98K电眼"来亮瞎人们审美的眼睛,更不能用那些社会上嘈杂的"三俗"之音来惊扰博物馆殿堂的静谧。

  无疑,科技让文博长上了腾飞的翅膀。然而,恰到好处而非显摆雕虫小技,同样有高下之别。2011年2月,美国赛克勒美术馆与芝加哥大学斯马特美术馆联合主办了"历史的回响:响堂山佛教石窟寺"巡回展,该展借助新的技术将被破坏的河北邯郸响堂山石窟的原貌得以重现,人们感受到的不仅是身临其境,还有破坏者的忏悔。2016年6月,芝加哥大学艺术史系自2013年启动的"天龙山石窟项目",同样是利用科技手段展现了所取得的阶段性成果。这些是文博单位应该做的。

古今中外,文化和艺术都有高下和雅俗之别。就高不就低,即使是装,也往雅的和高的方面去靠,以此获得价值观的认同,这是社会向往高雅的趋同。中国社会的主流价值观一直鄙视那种俗的文化,但是,近几十年来,庸俗、低俗、媚俗的文化不断侵蚀主流文化,攻城略地,成为当代中国文化发展的宿敌。主流公开向"三俗"宣战,虽然获得社会的认同并得到人民的支持,也取得了一些积极的成果,可是,从根本上解决"三俗"的问题,清除"三俗"的流毒,则是长期的任务。超越五千年中华文明历史的发展,所积淀的就是存在于博物馆中的历史文物和艺术品,它们在社会上享有至尊的地位,是因为不可复制和难能可贵的文化和艺术的价值,因此,用博物馆的方式来保存这些优秀的文物和艺术,并通过各种方式来展现其文化和艺术的魅力,这在全世界都是一种最为普遍的认同。博物馆因此成为国家的骄傲,成为国家的祠堂和祖庙,也获得了城市和居民的尊敬。人们进入博物馆之中的感悟与流连,则是对文化和艺术所表达的基本的尊崇。

陈其钢 余隆

陈其钢（左），著名作曲家、北京奥运会开幕式音乐总监，代表作《我和你》《源》等。

余隆（右），著名指挥家，参与创建中国爱乐乐团并担任艺术总监和首席指挥，创办北京国际音乐节。

对于"悲喜同源"，我想通过音乐讲述，悲与喜两件事永远连在一起，就像球有两面，一个阴面一个阳面。人生、世界都是有悲有喜的。

用世界音乐语言讲述中国哲学

编者按：
作曲家和指挥家的对话竟是这样的"画风"。
作曲家： 我认为火是柔软的，温暖的。
指挥家： 我更希望火是能烫到人的。
作曲家： 只要有机会，在音乐会现场，我都愿意和观众说两句话，我的心情你应该能理解。
指挥家： 我真不理解，好的作品是不需要用语言说的。老想着把自己给观众看，这哪儿是作曲家，当演员算了。
作曲家： 不能这么说，你在台上不也让观众看吗？
指挥家： 观众看我背后，看不见我脸啊！
作曲家： 我们的生活很孤单，必须一个人，否则什么事都做不了。
指挥家： 这点我很羡慕你。我必须和几百个人一起工作，不可能一个人对着镜子划拉。你是受到上帝眷顾的。
作曲家： 再过30年，我根本不知道自己的作品在世界上能不能留下来。
指挥家： 你想多了。别人的作品留下来肯定因为他的比你好，你想办法让作品永远不被别人超过，不就完了。

这些自然呈现的段子，出现在北京的一场新专辑发布会中。水一样温柔忧郁的作曲家是陈其钢，北京奥运会开幕式主题曲《我和你》词曲作者、张艺谋《归来》《金陵十三钗》等电影的作曲者。火一般热烈滚烫的指挥家是余隆，中国爱乐乐团艺术总监、上海交响乐团音乐总监,被《纽约时报》誉为"中国古典音乐界最具影响力的人物"。

可以想象,相识 17 年的两人如何一边争执一边彼此欣赏合作到今天,又经历了怎样的相生相克才完成这张中西方音乐对话专辑 *Gateways*(中文译名《门道》)。作为上海交响乐团建团 140 周年纪念,这张集结中国、俄罗斯作曲家作品的交响乐专辑由环球音乐旗下 DG 厂牌面向全球发行。对于由此引发的如何用交响乐表现中国文化等话题,作曲家和指挥家分别以冷静、热情的风格向《环球时报》记者阐述了各自的观点。

悲与喜就像球的阴阳两面

张妮:新专辑的四首曲目中,您的《五行》和《悲喜同源》占据两席,且蕴含着鲜明的中国哲思。在您看来,中西方哲学最大的区别是什么?

陈其钢:西方哲学是思辨,与中国哲学有所不同。中国古典哲学更讲究实用,而西方古典哲学更讲究一个人对世界观的提升。

张妮:如何通过交响乐表达中国哲学内涵?东西方文化交融如何做到没有违和感?

陈其钢:"五行"属于中国古典哲学的通识。用音乐来表达时,并不是说我要告诉你这是土,这是水,而是表达水、木、火、土、金之间互相关联的关系和状态。你必须在整个创作过程中考虑到整体线条和结构,有软有硬,有高亢有柔弱。我从最柔弱的水开始,最后结束于最强的金,让这个曲子达到自然的效果,这是一种综合考虑。如果只思考哲学问题,这个曲子很难表达。它是既要考虑实践,又要考虑精神的作品。对于"悲喜同源",我想通过音乐讲述,悲与喜两件事永远连在一起，就像球有两面，一个阴面一个阳面。人生、世界都是有悲有喜的。

余隆："悲喜同源"更准确的译法是痛并快乐着，在被折磨的过程中体会到一种愉悦和快乐，这是中国哲学的一种理念。一支中国乐团在世界级平台录制音乐，必须考虑中国音乐的传递。这张唱片在全球推出，就是希望开启世界对中国文化、中国作曲家、中国曲目、中国乐团的了解。且不说世界范围的东西方文化差异，即便中国的南北文化交融有时都存在问题，何况东西方文化交融？我想，文化交融不是说一定要把大家扭在一起，更多的是一种包容和理解。老子讲，最具力量的是水，水碰到一个石头会绕过去，它能包容你，也能淹没你。真正的力量来自包容性和宽容度，这才是文化真正的力量。

不能说给外国车加汽油，中国车就灌点酒精

张妮：中国作曲家及其作品的整体水准和影响力目前在国际上处于什么位置？西方文化的强势格局会改变吗？

陈其钢：没有你（中国）完全可以。当然，没有他（西方）也可以。我觉得不谈影响力，就谈作品的质量、艺术家的质量，就对了。莫扎特之所以伟大，并不是因为他是奥地利人，而是因为他是莫扎特而已。中国作曲家如果伟大，也就是具体到这个人的这个作品。如果说这个人的其他作品都不行，只有这一个作品还行，那就是这一个作品伟大。我们经常会强调一种同类的精神，但在艺术领域，我认为这种精神不存在。西方的强势不是说想强势就强势，是

通过它几百年沉淀变成的一个现实,我们在短时间内很难改变世界文化的格局。我们能做的就是把自己的作品认认真真做好,而不要有太多功利的考虑。

张妮: 有多少中国音乐作品能达到世界一流水平?

陈其钢: 这我真的不知道,只有将来才知道。其实所有的作曲家都认为自己的作品是最棒的,他也必须这么认为,否则没办法创作,这个职业本身就很痛苦。我曾说过一个笑话,作曲家是"活死人"。指挥家活着的时候,大家给他过生日。而作曲家活着的时候没人理。

张妮: 交响乐对中国人来说是舶来品,如何把别人的东西在演给别人时体现自己的特色?

余隆: 我认为这是悖论。就好像问,中国220伏的电和外国220伏的电有差别吗?我们今天开车,不能说给外国车加汽油,碰到中国车就拿点酒精灌进去,因为汽油已经是标准化产品。你去参加婚礼,总得穿得整整齐齐的,不可能穿个大裤衩,这是大家对文明的共识。对交响乐团来说,它已经不能分为是中国还是外国的东西,只有专业和业余的差别。今天已经是全球化时代,很多东西不能单纯地区分这是西方的或东方的,都是人类文化的结晶、人类共同的财富。我们现在经常说讲好中国故事,用什么方法讲特别重要。我认为,我们用一种世界性语言阐述中国故事,可能比仅仅在小范围内说一个自娱自乐的中国故事更有说服力。

一定要尊重从 90 到 100 的跨越

张妮：面对不同文化，如何才能真正讲好中国故事？

余隆：我们需要换位思考，如何让这个故事被另一个国家、另一种语言的人听懂并感动。最糟糕的情况是不思考也不做任何研究，以为只要我讲中国故事，你必须听着。事实上，你讲的故事必须达到一定艺术高度，才能让大家体会到中国文化的博大精深。像陈其钢的作品通过不同的演奏形式、不同的乐器来表现中国文化，真的是达到了艺术的至高境界。不管东方人还是西方人，美的传递是相通的。你要讲述一个美的东西，首先得真的认为它是美的，而不是把一个不是很美的东西强迫让人接受。

张妮：如果把中国的音乐市场比作"五行"，您认为最缺哪一"行"？

陈其钢：年轻的追星族瞎追，太年轻，啥都不懂。

余隆：我认为中国音乐市场在版权意识上还需要加强。我理解陈老师的意思，是一些年轻人混淆了文化和娱乐的概念。20世纪50年代，我们开过扫盲班，去那里是学识字的，不能说是学文化的。同样，文化和娱乐也有差别。我最近看一篇文章说，现在资讯发达，从业余到专业的区别，远远大于从无知到业余的区别。的确，你稍微搜索一下，很容易就从无知变成业余，甚至变成貌似专业的业余。但从貌似专业的业余到真正的专业，是要翻过一座山的。不能说似懂非懂、假装明白，就说我是专业的。不对，这事没过去。从1到10甚至到90都很容易，但从90到100这个特别重要的环节很多人跨越不过去。你一定要尊重从90到100的跨越过程。

苏丹

清华大学艺术博物馆副馆长、清华大学美术学院博士生导师。

美学就像青蛙一样,很不稳定。但有一点不变,就是自然创造的东西都是美的。人是自然的一部分。自然就是我们的老师。

向大自然学审美

编者按: 直面人类灭绝、地球毁灭这些看似科幻的话题,设计师和艺术家将带来什么?第22届意大利米兰装饰艺术和当代建筑国际三年展(米兰三年展)试图探讨的就是这样宏大而紧迫的问题。与威尼斯双年展侧重艺术表达不同,创立于1923年的米兰三年展致力于探讨当今社会和人类亟待解决的问题。本届展览的主题是"破碎的自然:设计承载着人类的生存"。占地面积约200平方米的中国馆是本届展览中面积最大的国家馆。"设计的本质是解决问题。但问题一直在变。过去面对的是一个形式主义的问题,后来变成了功能问题,现在是环境问题。"中国馆总策展人、清华大学艺术博物馆副馆长苏丹在接受《环球时报》记者专访时表示:"我们现在的很多设计展显得扁平和肤浅,因为这些设计展针对的只是眼前具体的问题。至少有一部分人要关注人类、宇宙、未来等更深远的问题。"

极限住宅

"我们经常在描述自然的时候,会加一个环境,自然本身是一个环境,但环境又不仅仅是自然。"苏丹在接受《环球时报》记者采访时表示,环境是多层次的,比如人文环境、金融环境,环境是我们认知事物的一个角度。"表面上看,现在是在自然这个层面出现问题了,但实际上,有可能是人类的文化出现问题了,文明出现危机了,也可能是技术的方向、我们的价值观有问题了,还有可能是全球的政治格局矛盾重重,也可能是我们对商业的理解出现问题了,商业变成唯利是图的事物了……所以我们突然发现,解决自然问题的时候,需要综合治理,这很符合东方人的思维习惯。"

本届展览上,中国馆的主题为"设计中的环境意识",由清华大学、同济大学设计创意学院、上海大学美术学院三家院校通过模型、互动装置、影像、绘画等多种表现形式,分别从自然、社会(社区)以及家庭的层面对主题做出阐释。清华大学展区的分主题为"我们从哪里来?——中国家庭流变",重点关注个体与家庭之间的关系,引导人们重塑家庭;在社区研究的层面,同济大学设计创意学院展区的分主题为"'乒乓':城乡社区营造——为我们共同的未来",探讨如何充分利用设计和设计思维,实现城乡动态平衡与可持续发展;在自然层面,上海大学美术学院展区的分主题为"进退之间的设计——以上海崇明世界级生态岛建设为例",探讨设计在索取资源和反哺自然之间的平衡作用。

对于如何表现"设计中的环境意识",苏丹列举了清华建筑学院教授徐卫国的设计作品。这个名为"极限住宅"的设计,通过计算机跟踪人日常生活中行为举止变化的轨迹,算出一个空间。苏丹表示,越来越多的人居住在有限的城市,城市要控制规模,不能无限制蔓延,"徐卫国设计的极限空间已经不能按面积算了,它不是方的,而是一个有机形态,是由人的肢体运动轨迹形成最小的空间"。

其他国家的展馆，同样有着让人眼前一亮的设计。比如获奖的俄罗斯馆的设计作品，是观察100年来一条河流周边环境的变化。它不做评论，就用各种数据和物品来记录这条河在100年内周围的人、自然情况的变化。奥地利馆设计了一个能从尿液里把氮分离出来的马桶，减少氮对环境的污染。还有一个展馆，把各种消失的动物的声音变成了一种频率和图像，"在这个空间里有非常悲观的现实，让人产生一种危机感。"苏丹说。

美育在当今的教育里是被驱逐的

看过米兰三年展后，苏丹深受启发。"设计发达的国家，在设计的文化层次上非常丰富。有的追求哲学、美学，有的是和科技直接融合，"苏丹说，"我觉得中国还需要加油，应更多地去解决观念的问题，把过去匮乏的领域激活，形成一个更好的设计文化生态体系。"

苏丹不无遗憾地谈道，目前，中国一些艺术和设计作品还处在"非常肤浅"的审美刺激里。好的东西都是比较微妙的，该满的时候要满，有些地方要故意留出白来。"但现在一些人玩的都是视觉的冲击、张力。当下这种过于饱满的美学体系，带来的戕害还是挺多的。首先人会很累，看表演是这样，在日常生活环境里也同样，刺激的东西太多。中国现在的审美有点暴饮暴食。"

在苏丹看来，造成这一切的原因中，最根本的还是教育。"美育在当今的教育里是被驱逐的，大家急功近利要学数理化，要应付考级。"他认为，这是社会设计里存在的问题。这种现象需要调整了。"审美太有用了。"对内,它是陶冶性情、安抚自己、解放自己的过程。"你把自己打开后,会对世界更包容、更灵敏,能看到更多别人看不到的东西,这是一个审美自觉的过程。"审美的外在作用表现在社会性。审美是一种语音。不同国家的艺术家会有一些共识。"你一出手,别人就能从你的作品中看到你的价值观。"

喝酒、喝茶先喝好的

如何才能提高我们的审美?"多看好东西就行了,你看100遍,就形成视觉记忆了。"苏丹解释道,"喝酒、喝茶,先喝好的,等再喝差的,一下就品出来了。天天喝差的,一喝好的也能喝出来,但你已经习惯差的,就不觉得它差了。一开始我们起点就应该高。"但目前,国内好的展览和博物馆太少。

"第一批中国民众听古典音乐时绝对不爱听。但作为审美教育来讲,开头可能需要一些灌输和强制,让人们在里面去感受。"但他同时强调,不要把诸如古典音乐一类的内容变成不可变动的经典,要告诉人们,听到的东西是"可以推进,继续进步的"。这时,被启蒙的人形成自觉后,反过来又会修正过去的东西,形成新的东西。

什么才是好的艺术?苏丹认为,首先是具有系统性,构成元素之间有关联。另外,还要有哲学观、美学观。"大和小、饱满的和虚空的东西是相对的,要处理好这些关系,就要掌握克制,懂得均衡和尊重。"

"美学就像青蛙一样,很不稳定。但有一点不变,就是自然创

中国国家馆作品：乒乓

造的东西都是美的。"苏丹认为，凡是自然属性的东西，本身就是美的，无以复加，无法超越。"这是美学的起点，在这个基础上，要合理摆正人的位置。人是自然的一部分。人的创造性到底在哪里？其实人是一个发现者，发现自然有趣的规律。自然就是我们的老师。"他举例称，自然界里也有竞争，树木长得那么高，都是靠争抢阳光才成长起来的。"但你观察树木的时候并没有看到紧张的扭曲，看到的是一种舒展的美。大自然太重要了，我们要向自然学习。"

（李司坤对本文亦有贡献）

范曾

著名书画家、北京大学中国画法研究院院长。

我 80 多岁了,已经看了几十年书,总感觉自己看的书少,每天早上 5 点多就起来看。没看过几本书就想成大师、大家,是做不到的。

艺术家要有一种"大匠精神"

编者按：著名画家范曾先生的书房像一个圆形歌剧院，《文津阁四库全书》和康德、黑格尔、尼采等人的文史哲经典书籍环绕一圈。《环球时报》记者见到范曾先生时，身穿浅蓝色唐装的他正稳稳坐在书房的沙发上，抽着雪茄，稳重深沉。这次采访的契机是，《高怀云岭——范曾八秩之庆艺文展》在国家博物馆开幕。在范曾看来，艺术家和大师的区别，一是被历史记载，一是他本身写出新的艺术史。成为前一种比较容易，后者比较难。"我的艺术老师都是大师级的，像李可染、李苦禅、傅抱石都是经过毕生努力，开创出自己独特、精彩的风格，他们都是我学习的典范。我80多岁了，已经看了几十年书，总感觉自己看的书少，每天早上5点多就起来看。没看过几本书就想成大师、大家，是做不到的。"

天赋就像一口很深的井

张妮：您在艺术上获得很高成就，是靠天赋还是后天努力，抑或是选对了艺术道路和风格？

范曾：作为艺术家，天赋是必需的。天赋存在于每个人身上，只要你不是白痴。天赋就像一口很深的井，一开始没有水，深探勤挖，水才会出现。我认为，人的先天才赋、能力差别很小。马克思讲过,哲学家和马车夫的原始区别,比白狗和黑狗的区别还要小。不要太相信先天的恩赐。

有人把艺术看作一件轻松事,我是不同意的。古往今来,大艺术家都是辛勤的劳动者。基本功不扎实,创作就没有根基。我从年轻到现在一直有早起的习惯,一般早上 5 点起床,看书两小时,学习中西方文学、艺术、历史、哲学等。读书使我的绘画和艺术有了深度和厚度,让我养成意在笔前的好习惯。比如,我在画尼采前,要了解德国那个时代的哲学思想和历史背景,还要读他的书了解他本人。他有些神经质,他的大作往往在两次发病间写出。我画的尼采,眼睛充满智慧且神经质。如果我没看过他的书,就画不出这样的神采。

我对中国绘画的各种方式都熟练掌握,包括工笔、简笔、泼墨等,这是几十年在夜以继日的辛苦中积累出来的。这次展览展示了我从 24 岁到今天的画,你可以看出我从年轻时开始,在艺术上就一丝不苟,线条准确、有力、流畅。我苛以责己,力避多余或错误的线条。如果我的艺术到成熟境界时,没有那么精准,就不配成为一个世所公认的画家。正因积累几十年,我才有权讲,大匠精神、大匠技巧是每个艺术家必需的。只有这样,你的内心才能得到自由的表达。

在漫长的艺术实践过程中,我慢慢有所领悟和取舍,渐渐形成自己独特的风格,这是自然形成的过程,不是理念先行。我曾写过两篇文章,一篇《勿忘众芳之所在》,一篇《后现代,我看出你的冷漠》,批评 20 世纪后所谓的"后现代"画派,很多人都是理念先行,不择手段去画。他们对自然和人类缺乏热烈情感。后现代派画家们回击我：范曾，我看出你的冷漠。我老实告诉你，这些搞抽象派的人，读的西方哲学书比我少太多，他们不懂德里达和福柯。

张妮：您从20世纪80年代就开始在国外办展览，西方对中国艺术和艺术家的态度发生了怎样的转变？

范曾：任何艺术家到海外都要接受西方的审美检验，西方人是不是对东方文化采取排斥的态度呢？我认为，西方真正的艺术家知道东方艺术好在哪儿，反之亦然。日本指挥家小泽征尔指挥了多少交响乐，他听到《二泉映月》时跪下说，这才是音乐。我的画在法国、意大利能得到非常好的理解，两个国家都给我颁发最高级的勋章：法国荣誉军团骑士勋章与意大利共和国大将军勋章。他们知道我的作品来自中国这片土地，绝不是学西方的皮毛，不着意逢迎西方。民族文化自信，来源于每个从事艺术劳动的人对中华民族伟大的哲学、历史、文化深深的爱恋，这是毫无疑问的。

中国古典哲学包含一种大同思想，这样的思想渐渐为世界所接受。人类如果能走向大同世界，对各国人民都有利。巴黎气候峰会就是世界走上大同的重要步骤。特朗普竟然退出，是孤立于世界人民之外。按照这种国家自我保护的思维，世界会继续遭殃。世界经济一体化是大势所趋，但一体化是文学艺术的坟墓，艺术表达一定要多元化。

张妮：即使您取得很高的艺术成就，网上也有人说您是流水线作业，作品没那么好等等，您怎么看这些争议？

范曾：我不用手机，这些言论我都不知道。我对这些人深表同情，他们是一批无能的人，这么做只是为表现自己的存在。我对他们少有恨意，他们说的不是我，我何恨之有？说我流水线作业，我十分不理解,我从年轻至今已是耄耋老者,作画从来放笔直取,如我画的《琵琶行》主角,是一个繁华过尽而晚景凄凉的女性形象,你流水一个试试?如果我的画不好,西方为何授予我最崇高的勋章?谣言不攻自破。这种无耻言论对我毫无意义。所以再次强调:我对造谣者深表同情。

这些人连文人相轻的资格都不够。文人相轻指两个文人互相谐谑,如欧阳修发现苏东坡文章中写了孔融未说过的话,指出这一毛病,苏东坡说:"孔融应该如此说。"两人相与大笑。这种玩笑有学问且很高雅。真正的友谊在纯洁的艺术家中是存在的。法国作家司汤达的《红与黑》刚出版时卖不出去,偶然被巴尔扎克看到,他给司汤达写信说:"我嫉妒你的天才。"司汤达的书立刻被抢光。巴尔扎克去世后,他的老朋友雨果面对前来送葬的法国公众,发表悼词,其中一句话让我很感动:这不是黑夜,而是光明!这不是结束,而是开始!这不是虚无,而是永恒!

接地气不只是到农民家写对联

张妮:习近平主席在2014年文艺工作座谈会上强调,改革开放以来,我国文艺创作产生大量脍炙人口的优秀作品,同时存在着有数量缺质量、有"高原"缺"高峰"的现象。您认为,如何才能创作出优秀文艺作品?

范曾:我认为,习主席讲话中所指的,不是艺术的形式,而是艺术的本质。艺术的核心是要用新的时代精神去感动人。有"高原"缺"高峰"是因不够接地气。地气,首先要深入生活。《白鹿原》作者陈忠实深深理解一个社会秩序的破坏会造成的后果，而秩序破坏与时代前进又是并行的，小说对这一切写得入木三分。这种作品就是"从高原到高峰"。照我理解，不是说上山下乡，给农民写对联就叫接地气。那只是一种方式，不是全部。中国艺术家的地气，就是既能借鉴五千年文明精髓，又能结合当下突飞猛进的变化和时代特征。《人民的名义》就非常不错。"一带一路"成为世界性符号就是这个时代的"地气"。

随着物质水平和欣赏水平的提高，国人不会满足于标语口号式、说教式的作品。文艺作品要有生动的内容，文艺工作者责无旁贷，要对自己严格要求。只有伟大的人格才能创作出伟大的作品。我相信，文艺界的乱象会慢慢整顿，好的作品会不断涌现。

张妮：您如何理解十九大报告中强调的"文化自信"？

范曾：十九大报告的深度、广度和辨析之精微深入，为史所未见。可谓"真个千秋赋，青史大文章"。习近平总书记在报告中强调，文化是一个国家、一个民族的灵魂。文化兴国运兴，文化强民族强。没有高度的文化自信，没有文化的繁荣兴盛，就没有中华民族伟大复兴。我非常赞同。文化是一个民族自信心的根本。一个没有文化的国家很难做到自信。中华民族有五千年文明史，有丰厚的历史遗产，每当想到自己是这样一个文明国家的后人，心里就会忽然有一种自豪感、自信心。钻到中国文化的深处去探寻，会有一种获得感和幸福感。这是我读了几十年书的体会。我最近连续写了几篇文章，都是围绕文化自信来阐释的，包括《中国的哲学自信》《中国的历史学自信》《中国的语言文字自信》等。中华民族是一个早熟的民族，我们民族的哲学思维是民族智慧的象征，从胡塞尔到海德格尔,从罗素到维特根斯坦,这些西方哲学家都认为东方哲学是非常优秀的哲学传统。我们现在提倡的"以人为本"就根植于中国古代哲学思想。"乐民之乐者,民亦乐其乐;忧民之忧者,民亦忧其忧。"典出《孟子·梁惠王下》。所以,新时代的思想离不开古老民族的智慧,要把古籍中的思想与现代结合,为新时代服务。

文化是多方面的,除中国传统文化如绘画、书法、诗歌,也包括当代的流行文化。在当代的普罗文学、普罗文艺方面我们还有欠缺,国外好的东西我们也要吸收,比如美国好莱坞电影就有它的优点,处理大场面、大气氛时利用的科学手段是相当高明的,如果能把这些用到我们的文化艺术上,当然是好的。

虽然你夺取了别人的眼球,但不能征服别人的心灵

张妮:目前,中国的文化艺术市场存在一些乱象。您认为,好的文艺作品应该具备什么标准?

范曾:中国的文化市场的确存在乱象,一些低俗、庸俗、媚俗的东西不是我们伟大文明的国家应该有的。西方有很多经典作品非常好,像莫奈的《日出·印象》、梵高的《向日葵》都非常美,但西方后现代主义就乱来了,男厕所的尿器都可以做雕塑品,甚至搞行为艺术,这以后的东西几乎不可看了。现在,中国也有人学这些,有的所谓后现代艺术家拿一把刷子,对着一个大画布站好久,然后突然冲上去,哗一下画一笔,作品就完成了。这样的画在展览会上的确抢眼球。但是,如果不具有美的本质,任何炒作都炒不出一个优秀的作品。虽然你夺取了别人的眼球,但不能征服别人的心灵。这种后现代主义在中国没有甚嚣尘上成为大气候,就是因为中国的文化太丰厚了,有这种判断力和抵抗力。

每个人的审美不同,每一位大艺术家的感受也不同。但是,无论是达·芬奇、莫扎特,还是李白、杜甫、曹雪芹,这些名家大师的传世之作能成为人类历史上的高峰,都具有一个共性:感动人的心灵。艺术家的伟大在什么地方?就像罗丹所说,这个世界并不缺少美,而是缺少发现美的眼睛。"落霞与孤鹜齐飞,秋水共长天一色。""大漠孤烟直,长河落日圆。"一下子就能把你的心灵抓住。这是大自然的美给诗人的启示。真正好的作品一定是深入人民心灵深处的,这就是接地气。怎么才能做到?你心里非常慌神,总想着我赶快画,好去赚钱。心里想这个,艺术一定不听你的话,艺术本身的美就跑掉了,这是一个奇妙的心灵过程。司马迁称赞屈原的诗"其志洁,故其称物芳"。说屈原的志气很干净,所以他所描写、称赞的事物都是芳草。孔子说:"诗三百,一言以蔽之。曰:思无邪。"思想没有邪念,才会产生《诗经》这么美好的诗。都是在说心灵和作品的关系。

张妮:十九大报告指出,要造就一大批德艺双馨的名家大师,培育一大批高水平的创作人才。很多人感慨,21世纪的艺术大师少了,原因是什么?名家大师如何才能炼成?

范曾:这个时代大师少,和两次世界大战有关。一个世纪以来,人类世界不平静。虽然有些作品会在战斗中产生,如《义勇军进行曲》《黄河大合唱》等,但培养艺术人才还是需要和平安静的环境。焦躁不安和急于求成是后工业化后人类的普遍心态。人类世界一定要由以物质为中心，走上物质、心灵并重的时代，否则人类整体就会堕落。中国当代杰出艺术家少，也和我们的艺术教育体制有关。新中国成立后，一些主流艺术学院引进苏联教育体系，如契斯恰科夫素描体系，比较僵化。改革开放后，有人做出所谓先锋的尝试。但我相信，严格恪守艺术规律的艺术家还会渐渐成为主流。

搞文艺创作需要天赋。在择业时要知道自己更适合做什么。让范曾去唱歌，绝对唱不出一个廖昌永来。一块砖头再磨也磨不成一面镜子。如果是一块铜，即使锈迹斑斑，反复去磨，也会成为明亮的镜子。但是，有一定的天赋不意味着你能成功。天才就像一口很深的井，最初挖不出水来，一点点挖，泥土开始潮湿，渐渐有了水，再深挖，地下清冽的泉水就会喷涌而出。成才的过程就像挖井一样，要看你有没有耐久力和坚持的意志力。

艺术家要有一种大匠精神，要刻苦磨炼自己的身心，不断提升自己的学识修养，包括政治理论修养，要认真读十九大报告，跟上时代的脚步。还要多读中国传统文化的经典，你的艺术修养自然而然就会升腾。过去，唐宋文人的床头都会摆四部书：《史记》《汉书》《庄子》《楚辞》。我80多岁了，已经看了几十年书，总感觉自己看的书少，每天早上5点多就起来看。没看过几本书就想成大师、大家，是做不到的。

艺术家要但问耕耘不问收获。搞创作必须克服焦躁、急躁的心理，使自己的心灵安静下来。"静为躁君"，安静是烦躁的君主，统治着你的烦恼。你要用宁静的心理来制约自己焦躁的心理。不要太关心市场，不要去迎合别人的口味，你要画自己心里愿意画的画。

作为艺术从业者本人,不要老去想成为名家大师,获得名利地位。印度诗人泰戈尔说:"荣誉在嘲笑我,因为我暗中追逐着它。"荣誉不是自己主动追逐来的,也是追不到的,它是刻苦、持久的努力后不期而遇的结果。

郎朗

著名钢琴家，联合国和平使者。

我在国外演奏《黄河》《茉莉花》等具有代表性的中国乐曲时，感觉就像在演奏国歌一样，有一种自豪感和庄严的仪式感。当你看到外国人沉醉其中时，会惊叹于中国音乐和文化的穿透力。

成为出色的钢琴家，可以讲好中国故事

编者按：郎朗瘦了。最近在北京举行的郎朗最新专辑《钢琴书》的亚洲发布会暨数字专辑预售仪式上，大家都发现了这个明显的变化。2019年假期里，郎朗获得了法国胜利大奖，这意味着他收获了欧洲音乐奖项的全满贯荣誉。但36岁的"钢琴叔"也有失落。过去一年，他不仅减了肥，还因为手受伤忍痛减掉了一半音乐会，从150场减到75场。不过，好处是，"现在每次去一个城市，能多待一天，还可以多一点时间投身音乐教育"。郎朗告诉《环球时报》记者，他小时候第一次听到贝多芬的交响乐就是在音乐课上。"我们这一代音乐家非常有责任，在国内外学校推广古典音乐课。先把音乐的种子撒好，大家就会自然地去欣赏。中国二孩政策后学音乐的孩子会越来越多，未来国内的音乐环境会非常好，也会涌现出越来越多世界性的人才。"

管贝多芬叫擎天柱，莫扎特叫孙悟空

张妮：在新专辑中，有很多类似《致爱丽丝》《欢乐的牧童》等简单的曲目，这样的选择出于什么考虑？

郎朗：《钢琴书》让我回到了对音乐最初的热爱。里面的很大一部分作品，都是我小时候最喜欢弹的曲子。正是这些曲子让童年的我有了成为钢琴家的梦想。这些作品曾伴随几代钢琴爱好者成长，但很少受到应有的关注。我小时候对音乐最早、最深的印象就是霍洛维茨演奏的舒曼的《梦幻曲》，他把这首简单的曲子弹出了比那些大作品更多的魔力，这深深启发了我的灵感。今天我是以过来人的心态重新演奏，希望能给更多喜欢钢琴的人尤其是小朋友带来一些新的理念和弹法。我小时候弹《致爱丽丝》，只会一些很基础的技巧，对音乐的理解也比较初级。但当你对贝多芬的交响乐都非常了解后，再回到这首作品时，就会把所有的艺术技巧和沉淀都往里放。比如，踏板的层次、真正的结构解剖等，它更像一种人生浓缩。

张妮：家长逼孩子练琴的教育方式饱受诟病。但也有人说，没有父亲当年的逼迫就没有今天的郎朗。你如何评价这种教育方式？最好的音乐教育模式是什么？

郎朗：我爸是有比较紧逼式的教育方式，但他不是所有时间都这样，也会讲究一些战略。要成天那样，我早就不弹了。另外，我也不是总和我爸在一起，也有自由的时间。应该说，学钢琴必须非常刻苦。不是说，我是天才，不用练就能弹好。没有这种可能。有一个理论叫一万小时定律。不管是弹钢琴，还是练体操，还是干别的，都是如此。你没有磨出的茧子，没有肌肉，没有磨炼出来的技术，是不可能弹好的。还是要先把技术和音乐感练上来，再去紧逼。即便是逼迫式的教育，也要有灵活性，要活练，不能没有目标地瞎弹。我这几年也针对儿童出了一些教材，比如"郎朗钢琴练习法"，我把这些教材都做成卡通的。因为我小时候练琴时，总觉得西方音乐家离我太远,就给每本书都贴上卡通画,还给他们起外号。像巴赫,我给他起了个《变形金刚》里反派的名字"威震天"。因为有段时间,我成天练他的曲子,有点反感他。贝多芬我挺喜欢,《命运交响曲》等很有正义感,我就叫他"擎天柱"。我管莫扎特叫"孙悟空",因为他总在变。肖邦叫"圣斗士星矢"。贴上这些卡通画后,我就觉得特别好玩。哎,"擎天柱"来了!"孙悟空"来了!所以,练琴还是要讲究方法,不能硬上,否则最后只能以悲剧结束。

我很难用很短的语言来总结什么是好的音乐教育,我希望孩子们是以一种被激励的方式去练琴。虽然有时确实需要快马加鞭,但更重要的是培养他们的自觉性和心底对音乐真正的热爱。应该告诉他们,学音乐的过程虽然是需要刻苦的,但追求出来的成果是无价的。

名利的消失,也许就是几秒钟的事

张妮:"出名要趁早",你是这句话的实践者。"郎朗式"成功可以复制吗?有什么公式吗?

郎朗:人生不是什么东西都有公式的,很多东西是未知的。比如,两年前我的手突然受伤了,这完全在意料之外。过去两年我砍掉了100多场音乐会,那种心情真的很难受,但这也让我看淡了一些事。就是说,假如你自己不去好好保护的话,所谓名利的消失,或者多少年建立起来的"帝国"的坍塌,也许就是几秒钟的事。就算你把公式做好了,有时还是需要贵人或者其他外力的帮助。所以我现在很珍惜拥有的一切，会更加小心地做每件事。我今年 36 岁了，可能人生的第二部分开始了。

至于成功的公式，首先，肯定得努力。你再有才能，不努力也没用。但你还得有点才能，天分可能不需要 100%，也许要 30%，然后它可以一点点膨胀。通过不断学习，人的潜力是可以爆发的。此外，还需要有贵人帮忙。你旁边的人非常重要，有些人堕落也是因为旁边的人。觉得自己很了不起，旁边的人还成天吹捧你，说你是最好的。结果，最后事业都崩溃了，还觉得自己很好。所以，经常被"收拾"一下，是一件非常好的事。如果在艺术上一直不被"收拾"的话，真的会走歪的。

张妮：一些年少成名的艺术家后来才思枯竭，泯然于众。如何让自己的艺术产生源源不断的生命力？

郎朗：平衡。年少成名，就相当于你本来这么矮，突然一下变这么高。你这座楼突然就起来了，肯定虚，缺少营养。所以你得赶紧补，不要去透支。不能一味地追求越来越高，其实你的底下已经空了。结果，啪，倒了。其实每个人的成长规律跟自然规律都是相近的。

张妮：有人认为你是"商业明星"，并因此质疑你的艺术追求和造诣，你怎么看这种质疑？

郎朗：对我来讲，最重要的是弹好钢琴，别的东西都是第二、第三位的。不管是现在，还是十年前、二十年前，只要弹一场音乐会、出一张专辑，我肯定是全力去拼的，绝对不会弹一半劲省一半劲，或者今天混过去完事。我觉得，一个人的幸运不是大风刮来的，你必须付出全方位的努力去争取它。同时，我们毕竟生活在一个非常多元的时代，一个人的力量太渺小，音乐家也必须有一些市场上的伙伴，需要各界朋友的关注。这样，才能让古典艺术走得更远。但宗旨还是要弹好钢琴。

有责任在学校推广古典音乐课

张妮：我们为什么应该听古典音乐？和流行音乐相比，它对人的心灵塑造作用，有什么不同之处？

郎朗：很多古典音乐是几百年流传下来的，是永恒的经典，也是音乐的基础。像 Lady Gaga 最初也是学古典音乐的，后来成为一名流行歌手。很多非常棒的歌手都是通过钢琴和古典音乐找到自己的音乐王国的。所以，我认为，学钢琴不仅能陶冶情操，更能让我们看到世界，看到我们未来要做什么。

张妮：现在很多西方国家的孩子都不学钢琴了，而拥抱流行文化。有人认为，古典音乐在西方越来越式微，反而在中国的市场越来越大，你怎么看这种现象？

郎朗：我的老师格拉夫曼说，古典音乐和流行音乐的市场份额一直都有差距。但现在的危机是，西方一些学校没有古典音乐课，孩子们在社会上听到的大都是流行音乐。我小时候第一次听到贝多芬的交响乐就是在音乐课上。所以，我们这一代音乐家非常有责任在国内外学校推广古典音乐课。我也正在做这样的事。先把音乐的种子撒好，大家就会自然地去欣赏。否则再呐喊也没用。中国现在具备一个非常好的优势，二孩政策后学音乐的孩子会越来越多，未来国内的音乐环境会非常好，也会涌现出越来越多世界性的人才。

张妮：中国很多优秀的乐曲如《黄河》还没有成为世界性音乐，你可以为这件事情做点什么？

郎朗：在新专辑里我弹了两首中国曲子《茉莉花》和《欢乐的牧童》，就是希望它们能在世界上流传起来。一般来讲，我弹一首中国作品，确实会产生一些国际影响力，很多外国人听了都管我要谱子，音乐出版商也很感兴趣。《黄河》是非常成熟的作品，实际上，这一代和上一代作曲家都有很好的作品，确实需要深入挖掘。在一些非常重要的音乐会上，我都会演奏一首中国曲子，争取让更多的外国人了解和演奏中国音乐。

作为音乐家，把本民族的音乐通过自己擅长的乐器弹给外国人听，有一种使命感和自豪感。我在国外演奏《黄河》《茉莉花》等具有代表性的中国乐曲时，感觉就像在演奏国歌一样，有一种自豪感和庄严的仪式感。尤其当你看到外国人沉醉其中时，会惊叹于中国音乐和文化的穿透力。记得有一次，我在美国林肯中心演奏《黄河》，那首曲子将中华民族奋勇向前的革命精神和顽强拼搏的民族精神表现得酣畅淋漓。当悠扬激荡的旋律响起来时，我竟控制不住情绪哭了出来。但我马上意识到自己在演出，于是赶紧擦干眼泪继续弹。有的时候，我在国外的城市走着走着，看到中国使馆飘扬的五星红旗，都会感动得泪流满面。那种涌动的情绪有时是无法控制的。

张妮：有人说你掀起了中国新的钢琴热，也有人说你让外国人对中国故事有了新的了解。你如何看自己发挥的作用？

郎朗：其实，音乐是我们祖孙三代的梦想。我爷爷是工厂的会计，音乐是他的爱好，他喜欢吹口琴，也教音乐。我父亲开始把音乐作为职业，并很幸运地考上了空政文工团，专修二胡。小时候我住在文工团大院里，周围都是热爱艺术的人。后来父亲所在的文工团解散了，他的音乐梦想都倾注在我身上。我最早记事的时候，家里就有一架钢琴了，那时正好是 80 年代改革开放初期，第一批钢琴热风靡全国。老百姓家里稍微攒点钱或者借点钱都愿意买钢琴，觉得这个乐器很国际化，与世界接轨。从我们三代人使用乐器的价格越来越贵，也能反映出中国人生活条件的提高。如果不是赶上改革开放和国内的钢琴热，我也不会成为今天的郎朗。

我感到很荣幸，自己的成长道路能使国内学钢琴的孩子看到希望。其实，这也是一种信念，中国人无论在什么领域，只要勇于奋斗、善于学习，就一定能达到应有的高度。我希望能发挥好榜样的作用，激励更多的人。虽然学音乐很艰苦，但是如果能成为一名出色的钢琴家，你可以讲好中国故事，甚至会成为一个能影响世界的人。

孟京辉

著名话剧导演,代表作《恋爱的犀牛》《柔软》等。

先锋是一个姿态,是一种鞭策,就是让你一直往前走,它会不断地让你觉得好像有新的东西在内心涌动,不断地有属于这个时代、这个社会的一种激情的东西澎湃在你心里。

"先锋",就是不做井底之蛙

编者按:20年前,在话剧《一个无政府主义者的意外死亡》中,陈建斌扮演的疯子说:"我一直看不上那帮先锋派,舞台上摆一堆破纸盒子,说废品站不是废品站……根本就是现实主义功力不够,上这儿来哗众取宠……"外界认为,这是"先锋派"戏剧导演孟京辉借此揶揄评论界对自己的质疑。孟京辉对这种说法不置可否,现身俄罗斯驻华使馆的他在接受《环球时报》记者专访时说:"前进的道路上,有各种各样的声音和风景,也有各种各样的影子,很正常,不要在乎就行了。"慢慢地,孟京辉的"先锋"艺术被更多观众接纳,并收获更多国际认可。2018年10月30日正在中国访问的俄罗斯副总理塔季扬娜·戈利科娃为孟京辉颁发俄罗斯国家级奖章——普希金奖章,并表示,通过孟京辉的努力,中国观众得以更深入地了解俄罗斯经典和现代的戏剧杰作。"俄罗斯文学和文化在我的知识谱系中占有相当重要的比例,"孟京辉说,"我愿意怀着对世界文化遗产的敬畏和热爱,在创作中与之对话,让这种致敬的光芒投向观众的内心,践行文化理解和交流的最终意义。"53岁的孟京辉言语间透着一种单纯和执着,他认为自己的心理年龄也就30多岁。"选择戏剧,就变得年轻了。"

契诃夫所有的剧作，我都不敢碰

张妮：此次获得"普希金奖章"您有什么感想？为什么您对俄罗斯戏剧有所偏爱？如果推荐一部自己导演的中国戏剧到俄罗斯，您会选择哪一部？为什么？

孟京辉：获得这个奖章，我挺高兴，也很意外。这

俄罗斯副总理塔季扬娜·戈利科娃为孟京辉颁发普希金奖章。

个奖项不仅是对我个人的肯定，同时属于那些伟大的文化作品，属于不同民族的观众。这个奖也是荣誉和使命的象征，近年来，中俄两国的文化交流不断加深。我刚从乌镇戏剧节回来。乌镇戏剧节这几年邀请了很多俄罗斯剧团，把俄罗斯的作品带到中国。我们未来也会把更多中国作品带到俄罗斯。中国戏剧受俄罗斯影响很大。在样板戏之前的一段时间，我们跟苏联老大哥学了很多东西，中央戏剧学院学的很多是俄罗斯的表演体系。我在上中学和大学时，也受到俄罗斯文化的很大影响。从普希金、马雅可夫斯基到布尔加科夫，从契诃夫、斯坦尼斯拉夫斯基到梅耶霍德，这些文学艺术大师

一直是我崇拜的偶像、学习的导师、创作的源泉。我导演过几部俄罗斯话剧,比如,马雅可夫斯基的《臭虫》、布尔加科夫的《不祥的蛋》、艾德曼的《自杀者》等。《安娜·卡列尼娜》也特别好,虽然我现在还没有想到该怎么做。还有像契诃夫所有的剧作,我都不敢碰。可能再过十年,能更深刻地理解契诃夫后,我才能在创作中与之对话。如果推荐一部自己导演的话剧到俄罗斯,我就推荐《茶馆》。因为它既有老舍先生宏大的人文关怀,也可以看出中国年轻的艺术创作者想要表达自己的愿望,同时可以看到很多当代素材的表现手法,它是在国际语境下发言的。

张妮:莫斯科观众进剧院的人数和次数比中国高很多。在艺术欣赏方面,中国需要向俄罗斯借鉴什么?

孟京辉:我觉得最重要的是教育,这次乌镇戏剧节上,有一个孩子们表演的中英双语版《山海经》,演得好极了!我就想,美学教育、戏剧教育应该从小学开始,一直贯穿中学、大学。如果是这样,就不会涉及看完一个戏,看没看懂的问题了。他会说,这个戏哪点触动我了,它表现了社会生活的哪些方面,我的审美体系是什么样的。这就特别有意思了。戏剧教育比其他美学教育更完整,比如,它比较重视合作性,即使你在演一个人的独角戏,也要跟灯光、音响、舞美等各方面配合。戏剧不管展示历史还是未来,都是用当下的方式、只在此时此刻做。这就让所有人必须切切实实地关心现在。再有,戏剧艺术从具象到抽象,再从抽象到具象,不断变化,对人的大脑刺激、对独立思考等特别有帮助。所以,中国应该从艺术教育上多入手。

《恋爱的犀牛》具备一种时代精神

张妮: 您被称为"戏剧狂人",为什么戏剧让您如此疯狂?

孟京辉: 干话剧就是因为我干不了别的。我上学时就喜欢上话剧了。刚开始是喜欢,愿意跟它发生联系,最后就爱上它了。当你爱上一件事情的时候,就愿意把自己所有的东西都给它,不是说你要从它那儿拿东西。当你给它的时候,就发现它反馈给你的东西更多。然后,你就继续爱,它就继续反馈给你,你就变得更有力量,特别舒服。我愿意在戏剧里面玩儿,愿意在戏剧里有事儿干,让生活变得更美更好一点。

张妮: 提到您的名字,大家首先会和"先锋""实验"这些标签联系在一起。到底什么是"先锋"?

孟京辉: 大家说一个导演"先锋",总比说"落后"好多了。先锋是一个姿态,是一种鞭策,就是让你一直往前走,而不是做因循守旧的井底之蛙,在那儿维持故步自封的状态。它会不断地让你觉得好像有新的东西在内心涌动,不断地有属于这个时代、这个社会的一种激情的东西澎湃在你心里。与整个宇宙、整个精神世界比起来,人真的很渺小。所以,人得有一种对未知的敬畏,对不确定的这种确定。未来的路挺长,你得活到老、学到老吧。

张妮:《恋爱的犀牛》被认为创造了当代中国实验戏剧的奇迹。为什么它能获得艺术和商业的双重成功?

孟京辉: 因为这个剧本写得好,不是我导得好,让别的导演导这个剧,可能也一样好。《恋爱的犀牛》不是谈论爱情的戏,它是谈论坚持,谈论自我认知,谈论一个人和另一个人的关系。它比较抽象，如果你要排得特别具体，可能会丧失了它广阔的意义。这个剧本具备了一种时代精神，就是不断坚持、不断进步，探索自己的内心，而不理睬世界给他的虚幻的图景，就坚守自己最初的信念。

能被好好讲述的故事，都不是好故事

张妮：据说您崇尚德国戏剧家布莱希特的一句话："能被好好讲述的故事都不是好故事。"如何理解这句话？

孟京辉：实际上这句话是面对观众说的。一般观众欣赏一部戏，第一是故事层面，第二是情感层面，第三是审美和形式感的层面。楼下老大妈都会知道这部戏是讲谁把谁杀了、谁跟谁谈恋爱等，这是故事层面的东西。但故事层面背后是情感，比如，她疯狂地爱上了他，就加入了强烈的情感。最后一个最重要的层面就是怎么表达。你是用现代舞的形式，还是用很缓慢的歌剧形式？这时就进入美学表达和美学接受的层次。我觉得，布莱希特的意思就是说，能好好讲述的故事就太一般了。它背后的这些东西只体现在故事上，太表层。他希望能进入深层，希望从三个、四个甚至五个层面对观众进行洗礼，让他们判断、浸染、跳出来思索、进行陌生化再造。最后，当他走出剧场时会发现，他已经历了一个完全不一样的时空，这多好。

张妮：中国戏剧与国际顶级戏剧相比处于什么水准？除了传统文化，中国的当代艺术包括戏剧，如何在世界上展现文化自信？

孟京辉：好的作品差得不多，大部分差得挺远的，比如在表现方法、制度、美学培育等方面，但问题会不断得到解决，我相信会越来越好。中国传统戏剧的基因主要根植于说唱文学、地方戏等。西方的戏剧样式传到中国有 100 年了,这 100 年里,艺术家们不断追寻完善,想发展一些东西,现在还在努力中,任重道远。你要想让世界了解自己,必须在国际的文化语境下,点出当代人跟传统、现代的联系。中国的当代戏剧首先要反映这个时代的变化,记录当下人们的精神痕迹,同时对未来有很多希望的酝酿,让人们在一个纷繁复杂的时代慢慢建立一些自信,让你在面对社会时,能感觉到一种创作的尊严。你在不断学习的过程中,会发现自己不断长大,人类也在不断长大,变得简单、朴实,充满善良和爱。最重要的是,在共同的文化语境下,人类得共同进步,这个特重要。

周梅森

著名作家、编剧,代表作《人民的名义》等。

这40多年是一个急剧变化的时代,不是当年《渴望》的状态了。因此,需要有一部作品来影响和引导世道人心。

改革开放 40 年，
需要有一部作品影响世道人心

编者按：这是一个暴露年龄的问题：上一部几代人同看的现实题材国产电视剧是什么？《环球时报》记者和周梅森都想到了同一个名字：《渴望》。近 30 年后，同样的情景再度上演。在《人民的名义》迎来汉东反腐行动"收网"、几名"大反派"相继被捕的大结局后，现实中的剧情也亮了：该剧收视率一度破 8，市场份额位列全国第一；原著小说加印 107 万册，14 天卖到脱销。而这部爆品幕后的真正主人公是周梅森，没有他，就没有这个惊心动魄的故事，就没有栩栩如生的李达康、祁同伟、侯亮平、沙瑞金……获得艺术认可的同时，他也收获了商业上的成功，以 1400 万元版税收入位列编剧作家榜榜首。在接受《环球时报》记者专访时，周梅森有些动情："《渴望》让人情和人性的回归温暖了整个中国，此后的 30 年是一个充满纠葛、急剧变化的时代，这时候，需要有一部作品来影响和引导世道人心。"他的声音浑厚深沉。

我真心没觉得尺度有多大

张妮：《人民的名义》引发全民狂欢，主流价值观在年轻人中引起共鸣。有人认为，该剧爆红是一种意外和偶然。您认为是偶然还是必然?

周梅森:我认为是情理之中,意料之外。说情理之中,是因为长期以来,观众看惯了穿越、玄幻等电视剧题材,对于直面现实、反映当代各阶层生活的作品有一种饥渴症。反腐是中国在十八大以来最大的践行,举国关注,全球瞩目,但在文艺作品中很少表现。我们的主创团队希望把它打造成一个高品质的优秀作品,我们确实做到了。我们选择的导演是做生活剧的,非常精细,演员代表了中国当代最高表演水平,应该说这是近年来难得一见的艺术精品。因此,我们当时就知道这部作品肯定会受到广大观众的欢迎,但有两个没想到。一是受欢迎程度达到这么热烈没想到,二是80后、90后年轻人占观众的50%以上,这点我也没想到。应该说,这部剧在主流意识形态和年轻人文艺消费品的喜好中间找到了一个共振点。

这部剧是完全原创的,我在创作时就考虑,一定要把人物塑造得栩栩如生,把故事写得惊心动魄。这可能也是吸引年轻观众的重要因素。如果这部戏还是走过去的老路,人物黑白分明,简单进行说教,拉着老百姓在电视面前受教育,那老百姓早就不买你的账了。所以,我觉得这部剧给意识形态艺术作品的市场化探索了一条成功的道路。

张妮:很多人认为这部剧尺度比较大,您是如何把握政治尺度的?

周梅森:我真心没觉得尺度有多大。我仅仅是忠于生活,把十八大以后这种社会现实,把自己看到的、想到的用比较真实的艺术手段展现在受众面前。有时候,也许是作者在开始创作时,首先把自己阉割掉了,认为这个不能说,那个不能碰。当然我不是鼓励大家瞎写、瞎想。我对这部作品很自信，因为我一辈子都在写作，近30年来，我一直密切关注中国的改革进程，我不仅是改革的观察者，而且是改革的亲历者、参与者，我对改革开放充满感情。所以，我在这部作品中反映的任何问题，不管阴影面积有多大，前提和基础都是对改革开放的充分肯定，不会说看完了觉得国家没希望，这部作品是积极向上的。像沙瑞金、侯亮平这些正面人物，一个个都是光明的，是民族的希望。不管有多少黑暗，光明永远走在黑暗前面。在这样的创作前提下，不存在把握尺度的问题。

一个作品活了，作者就死了

张妮：剧中，陈岩石在战争年代背炸药包，侯亮平一身正气没缺点，有观众认为，这些正面人物太过完美，不真实，您认为现实中有这样的人吗？

周梅森：战争年代背炸药包是我非常熟悉的一位老领导的故事，他去世时连遗体都捐献了，这种为信仰而奋斗的生活经历非常真实，一直感动着我，我情不自禁就写进小说了。据说很多人看到这个故事感动得掉泪。也有人认为这是说教，我认为，这样想的人，可能是他在生活中阴暗面太多了。一个国家，一个时代，不管多么阴暗，总有那些非常优秀的、代表这个时代的、光明正义的人物存在。在中国封建社会，还出现过海瑞、包拯这种人物，难道我们现在所处的这个伟大时代，就没有好人了？我绝不相信。有人问，侯亮平那样的人物是否可信？我认为完全可信，我们司法界确实有一批这样刚正不阿的执法者。就算不是所有人都如此，我塑造一些充满光明的人物,来引领这个时代行不行呢?当然,一个作品活了,作者就死了。不同的观众和读者对同一个作品会有不同的解读,我认为这很正常,我就是再怎么解释都没用。

张妮:这部剧可以说是轰动全国的现象级作品,印象中,上一个达到这种效果的现实题材电视剧应该是《渴望》。和《渴望》热播的时代相比,当今社会生态最大的不同是什么?

周梅森:你这个问题提得非常好。《渴望》是20世纪80年代末拍摄,90年代初播出的。那个时代,我们从一场历史性的灾难中走出来不久。此前,阶级斗争把中国社会斗到崩溃的边缘,把中国社会的道德伦理打翻了、打碎了。《渴望》讲的是什么?是人情和人性,它让人情和人性的回归温暖了整个中国。因此出现了盛况空前、几代人同看的状态。那正是当时社会形态一个生动的反映。

经过40多年改革开放,整个中国变了样。中国不但自身强大了,也在影响着世界。这么一个大中国,扮演着近代历史上从来没有过的角色,实现了从未有过的富有,也出现了较为严重的两极分化和贪污腐败现象。这40多年是一个急剧变化的时代,可不是当年《渴望》的状态了。因此,这时候,需要有一部作品来影响和引导世道人心,这部作品就应运而生了。

张妮:从《渴望》到《人民的名义》这20多年间,为什么反映现实题材的好作品这么少?这与编剧收入没有演员高,难以刺激他们的创作积极性有关吗?

周梅森:我们还不擅长宣传自己的主流意识形态。这让我想起近期上映的美国好莱坞大片《血战钢锯岭》,它讲的是一个信仰的故事,震撼人心。我们之前的文艺政策有偏差,希望在逢年过节拿出几部礼花式的作品。当然，节日需要礼花，但作为影响世道人心的代表性文艺作品，不能这样搞。我们的文艺政策要真正鼓励作家、艺术家面对现实生活，直视生活中的矛盾。《人民的名义》为什么能取信于民？我一开始就把侯勇表演的那个小官大贪的形象鲜明地摆在观众面前，不回避，让观众知道我们是真实的、真诚的，绝不想隐瞒和欺骗。所以，表现主流意识形态的作品，除了政治正确外，真诚是它的生命。如果没有真诚，这类作品必然失败。

我是作家也是编剧，我并没有感觉在市场上被边缘化。如果你真是一个具有原创性和创造力的编剧，市场不会亏待你，任何领域你都有话语权。至于你说的那种情况也不排除，但首先，编剧自己要反省一下，在资本面前，你有没有体现出创造的价值，如果你东拼西凑弄个东西，或者让资本把你指挥得团团转，那你不能期望得到资本的仰慕或尊敬。我们这部戏就不接受资本的安排，有人讲，《人民的名义》，连名字都拒人于千里之外，你们胆子真大。但是，我们就这么干了。只要你去创作好的作品，不管在什么时代，都会得到市场和艺术的双重认可。

这部剧成功的根本，是文学的胜利

张妮：虽然中国当下的腐败问题比较严重，但古往今来、任何国家都存在腐败。从人性弱点的角度看，腐败有办法根治吗？

周梅森：没错。腐败既不是我们目前政治形态下的必然产物，也不是改革开放一定会产生的副产品，全世界任何政权体系、各种政治形态下都可能出现腐败。像全球最清廉的地方被认为是北欧国家,但另外两个清廉度较高的地方是中国香港和新加坡,它们的管理体制差别很大。还有一些英语国家,比如印度,我去过,那真是处处都要钱,腐败到让人无法忍受的程度。不过,我觉得,腐败也不是没有办法根治,就是要把权力关到笼子里。只要有权力之地就要有防范措施,从制度上防止腐败。这个工作我们国家正在做。

张妮:这部电视剧火了后,原著小说销量激增。今后,文学是不是都要依托影视剧这种强势文化发扬光大?

周梅森:我们面对的就是这么一个时代,存在的都是合理的。对中国来说,电视剧是影响最大、最强势的艺术传播形式,没有之一。在电视剧播出之前,同名纸质书卖了7万册,这对文学作品来说相当不错,但和现在的150万册相比就是小巫见大巫了,据说后来是以每天10万册的销量增长。线上的电子书也卖疯了,一周之内翻了291倍,达到破纪录的5亿多点击量。这部戏里我提到的书也全部卖火了,比如《万历十五年》等。一部好戏就是能把方方面面的东西全带起来,但前提是好戏。

但是,我不赞成文学要依靠影视剧带动的观点。我的想法恰恰相反。这部剧的成功既是影视的胜利,也是文学的胜利,从根本意义上讲,还是文学的胜利。没有文学原创,哪来这么精彩的故事?我们当前的影视剧缺乏原创性,就凭影视界那些桥段、套路和拼拼凑凑出不来好作品。文学绝对不是任何艺术形式的附庸,而是一切艺术形式的母本、基础,是它们的母亲。这是我不会改变的一个基本立场。

张妮:您是否打算创作续集?

周梅森:在没有想清楚之前,在没有把握拿出一部优秀作品之前,我不可能为了钱,急功近利马上开始创作第二季。我目前是在总结、观察、休息阶段。至于续集什么时候出来?不知道。也有很多人问我有没有做商业开发的想法,我说没有。我不是商人,就是一名作家和编剧,我不缺钱也不缺名,手头上也没什么影视文化公司急需赚钱。现在,我就安安心心地思考一些问题,为将来可持续写作多多学习吧。

莫言

著名作家、首位中国籍"诺贝尔文学奖"获得者,代表作《红高粱家族》《檀香刑》《丰乳肥臀》等。

我从20世纪90年代初就意识到,一定要摆脱西方文学对我们的影响,努力写出具有中国特色、具有个人特性的作品。

如模仿西方，中国文学永远是二流

编者按："这部小说翻译成德文后，一位德国教授说，他看到主人公孙丙被钉到木桩上受刑时，就像是中国版受难的耶稣。这让我很受震撼。"著名作家莫言在北京出席歌剧《檀香刑》演出发布会时说。这是莫言的文学作品首次改编为歌剧。"孙丙的受刑有一种启示意义。他有机会在监狱里用替身把自己换出来逃生，也有机会在受刑台上保命，但他都没有做。他有点像谭嗣同，为了唤醒愚昧的民众，为了维护自己对正道、对国家荣誉、对艺术的尊严，他宁愿用自己的生命去捍卫。这在歌剧里也有很好的表现。"这位诺奖得主告诉《环球时报》记者，近两年，他将主要精力用于写作戏曲文学剧本，实现自己多年夙愿。而十几年前出版的小说《檀香刑》中也融入了山东地方戏"茂腔"的元素。"唯有写出具有中国特色和个人特性的作品，才能使中国文学在世界文学版图上占有一席之地。"莫言恳切地说。

写小说是个人行为，舞台演出是集体狂欢

张妮：小说《檀香刑》的创作背景和思路是怎样的？

莫言：我当初在写这部小说时，经过了很长时间的思考。按说这部小说应该在20世纪80年代就写出来，但我一直觉得它是我人

生中一个重要的素材,不能在考虑不充分的情况下轻易去写,万一写不好,会糟蹋这个题材,所以我主要是在 1999 年才创作,2000 年出版小说。这部小说取材于真实的历史事件,近代史上是有记载的。当年德国人强行逼迫清政府签订条约,修建胶济铁路。在修铁路的过程中,发生了德国侵略者直接迫害和屠杀高密人民的悲惨的历史事件。高密县(今高密市)农民孙文与德国侵略者进行了英勇悲壮的斗争,最后在德军和清政府部队的联合镇压下,斗争失败了,他被当众斩首。

怎么把一个历史事实变成一部艺术作品?当时我的想法是一定要跟当地的文化结合起来,而不是作为一个纯粹的故事讲述。我讲一个历史故事,一定要有文化含量,要有艺术含量,一定要形成中国小说的特色。后来我就想到了高密的茂腔,它是国家的非物质文化遗产。如果说我的家乡有什么声音的话,茂腔就是故乡的音乐旋律,茂腔戏也是我最早接触的音乐戏曲。于是,我就把小说和地方戏剧结合起来。小说里的主要人物都是茂腔戏的演员,他们的思维也是演员的思维方式,到后来他们甚至混淆了自己到底是生活在现实中,还是生活在戏曲里。所以,《檀香刑》本身就具备戏剧性的文本,大量文字都是押韵的。有评论家说,这是一部戏剧化的小说,或者是一部小说化的戏剧。

张妮:这部文学作品为什么搬到了歌剧舞台上?

莫言:2000 年这部小说刚出版时,应该说在文坛产生了比较大的影响,当时有很多电影导演、戏曲导演对这个作品跃跃欲试,但后来就知难而退了,因为改编难度确实比较大。由于小说里描写了刽子手这样一个特殊的人物,也有比较大的篇幅描写酷刑的施展过程，让很多导演望之生畏。实际上这个问题的处理并不是特别困难，即便把这部分抹掉，也不影响故事的完整性。后来，因为我的老乡，也就是山东艺术学院音乐学院的李云涛院长发自内心地热爱这部小说，因为他的执着，才能把《檀香刑》变成歌剧。这部歌剧经过了漫长的创作过程，当然这也是舞台艺术的优越性所在。电视剧、电影都是一锤子买卖，拍好就好了，拍不好也就不好了，但舞台艺术可以在演出过程中不断地修改、磨合、提高。过去讲十年磨一剑，歌剧《檀香刑》确实体现了这样一种千锤百炼的精神。我跟李云涛一起就这个剧本进行了反复打磨，每一句唱词，甚至每一个字眼在一遍遍的修改中变得越来越精粹。现在剧本的脉络比较清楚，重点比较突出，矛盾也非常强烈。通过歌剧的方式，用1小时50分钟的时间，把我在小说里所要表现的全部说出来了。小说创作是一个高度个体化的劳动，我一个人躲在书房里会非常如鱼得水，但戏剧是一个群体性的劳动，我们的导演、演员、指挥、舞美、服装、道具，每一个人都贡献了才华，最后变成一种集体性的才华和狂欢。

还要补充一点，就是这次歌剧的创作跟别的戏不太一样，就在于它的艺术主要支持单位是山东艺术学院，众多老师和学生都参加了创作。中国有很多艺术院校，艺术院校主要的任务是教学，《檀香刑》歌剧的创作是一个有益的尝试，使艺术院校的教学和创作密切结合在一起，打造了一部能够被广大观众所喜爱的艺术精品，这样的模式将来应该大力推广。我想，一个作家有一部好小说，一个诗人有一首好诗歌，就明确了他的地位。如果一个学校、一个艺术学院有一部好歌剧，或者有几部好话剧，那么，这个学校的历史就会变得非常辉煌。它不仅仅是教育史上的辉煌，也是艺术史上的辉煌。

张妮：您怎么评价这部歌剧目前呈现的状态和表现？

莫言：我现在刚看了两版，一版是初演，一版是在潍坊的演出，修改过的青岛版我还没有看。就我看到的两版来讲，我觉得，第一，它的情感还是非常饱满的。创作者的感情非常真挚，而且它本身是我们民族一段悲壮的历史。这个戏的底调是一种爱国主义、悲壮的激情、牺牲、奉献，这些东西在剧中都体现了。第二，能感觉到它的辉煌。这种辉煌是建立在歌剧这种独特的形式上的，它那种华美的、高亢的唱段，那种合唱时能让观众血压升高的激昂的旋律，整体上营造出了令人感动的氛围。

100次创新有一次成为经典，就了不起了

张妮：您也参与了这部歌剧剧本的创作，写小说跟写歌剧有什么不同？

莫言：这对我也是一个非常陌生、新鲜的尝试。我尽管在小说里写了很多戏文，但这都是没有搬上舞台的。歌剧里有一些唱段原小说里已经有了，但大部分还是新写的。我曾经对戏曲创作充满兴趣，去年也发表了好几个戏曲文学剧本，但歌剧毕竟是一种西洋来的艺术形式，它对唱词有一些特殊要求。李云涛也是编剧之一，在创作过程中，他也在技术上给了我很多启发。新写的第一遍还是比较粗糙，后来不断一个字、一个字地锤炼、斟酌。这部戏目前来看已经比较简练精粹了。

张妮：很多地方戏曲都具有浓厚的地域特色，如何使其既具有中国本土的文化特性，同时又能成为一种世界语言？

莫言：这是只可意会不可言传的感受。它不是有准确配方的东西，就是凭感觉。西洋的歌剧形式，怎样有效地吸收中国民间的艺术元素，又不显得生硬，能跟中国民间的东西非常自然地结合在一起，这主要靠创作者长期积累的经验和一种潜意识的把握吧。

张妮：获得诺奖后，您去年首度在文学期刊发表新作，其中包括《锦衣》等戏曲剧本，为什么您近年对戏曲更感兴趣？

莫言：这也是我从小所受的文化教育所导致的吧。因为小时候在农村没有别的可以看，看得最多的就是乡村的野戏班唱戏，从小就受到这种民间戏曲的艺术熏陶，这种营养在我整个文化养成方面占了很重要的比重。以至于我的小说创作里出现了大量的戏文和戏剧性元素，人物也不知不觉地戏剧化。以前我主要的精力用在写小说上，从去年开始，我想圆自己一个多年的愿望，就是写两部戏曲，也算是对哺养我成长的民间戏曲的一种反哺吧。

张妮：很多地方戏创作新剧，但也有戏迷认为改得不像样了，您如何看中国戏曲的传承与创新？

莫言：这是创新改革中的矛盾，我个人也有体会。传统元素肯定是老观众迷恋地方戏的重要原因，但这些东西如果不进行创新，就是一直朝后看。每一个创作者都希望把新的元素加进去，能否成功很难保证。但创新是必需的，哪怕是不成功的创新也是在积累经验，你不可能要求创作者每一次创新都变成经典，100次创新有一次成为经典，就了不起了。

任何一个高峰都是矗立在高原之上的

张妮：您笔下的"高密东北乡"已经成为世界上独树一帜的文学王国，您为什么会着力打造这样的文学符号？

莫言：20世纪80年代，中国文学向西方学了很多东西。大量西方的专业构成对我们这一代作家影响深刻，以至于我们在不知不觉的情况下就产生了一种对西方文学的模仿和依赖。假如我们的小说完全是对西方小说的模仿，那中国文学永远是二流的，不会成为有特色的一流。我从20世纪90年代初就意识到，一定要摆脱西方文学对我们的影响，努力写出具有中国特色、具有个人特性的作品。

张妮：此前我采访的一位英国作家说，她从未读过中国小说。中国文学整体上在世界的地位如何？

莫言：我觉得中国文学在世界文学版图上应该占有一席之地了，具有很重要的位置，大量中国作品被不断翻译成几十个语种。当然，每个人读书的角度不一样，你采访一名中国作家，也许他也没有看过什么英国文学。我觉得不能以一个人的角度来看，总体来说，我认为最近这些年中国文学在国际上的成绩还是很大的。

张妮：您的作品以历史题材为主，是否会考虑创作现实题材？

莫言：现实题材也正在构思，估计会慢慢地写。

张妮：习近平总书记曾在文艺座谈会上指出中国文艺创作存在有"高原"缺"高峰"的现象，在您看来，"高原"跟"高峰"的差距到底是什么？

莫言：高原是普遍的高，高峰是孤独的高，这就是差别。在中国诗歌史上，中唐出现了李白和杜甫这样堪称高峰的伟大诗人。在中唐以后，出现成群结队的诗人，他们的诗歌水平单独来看都很高。可以说，中唐是诗的高原。我觉得任何一个高峰都是矗立在高原之上的，没有说一个孤独的高峰拔地变成8844米，喜马拉雅山的珠穆朗玛峰是建立在高原之上的。所以，群众性的艺术水平和欣赏水平的提高，铸就了艺术的高原，在普遍高度之上，再往上就会出现高峰。

贾平凹

著名作家、茅盾文学奖获得者,代表作《秦腔》《废都》《老生》等。

我从小磨难就多,创作以后争议也特别多。反正就是磕磕绊绊地走过来的。过后一想,你要感谢那么多磨难。就像河水一样,没有石头,水流过来是平平静静的;如果有石头,流过来的浪花特别壮观,很好看。

中国正处于特殊的历史社会节点

编者按：如果走在大街上，我肯定认不出他就是大名鼎鼎的贾平凹。中等身材，穿件普通条纹衬衫，肚子凸起，有些谢顶，眼皮略浮肿，看上去就像任何一名普通的中年男人。多年来，贾平凹深居简出，能见到他实属不易。在 2017 北京国际书展期间，贾平凹的小说《高兴》出版英文版，并在亚马孙平台上向 183 个国家的读者同步首发。这是亚马逊第一次为华人作家的作品英文版举办全球性首发活动，贾平凹在中国文坛上的地位不言而喻。正因如此，专访时，《环球时报》记者一直期待从这位大作家口中听到惊世骇俗的大道理，然而，低调亲和、稍显腼腆的他，说的都是家常话。

《高兴》讲的是农民工刘高兴进城打工的故事。"当他们经过城市时，就像风吹过一片树叶一样，谁也不会重视。但正是这批人在中国城市化进程中起到非常大的作用。我希望致敬那些从农村到城市的打工者。"虽然在大城市生活了几十年，贾平凹始终认为自己是"农村的幽灵在城市里哀号"。他一直关注那些卑微的小人物的命运。"文学作品的属性就是和社会产生一种摩擦。如果从局部看，可能别人觉得我写批评的东西比较多。这就像，如果你胸前落了一个饭粒，生人看到后不会管你，只有熟人才会跟你说。"仔细一咂摸,他朴实的话里有人生百态,五味俱全,就像他家乡的特产肉夹馍。再配上贯穿始终的《武林外传》里佟掌柜般浓郁的陕西口音,他的话,更有滋味了。

当农民不易,我理解这个阶层

张妮: 您创作《高兴》的初衷是什么?希望反映中国怎样的现实问题?

贾平凹:《高兴》这本书写于10年前,是紧接着另一部长篇小说《秦腔》之后写的。《秦腔》是写在中国发生巨大变化的过程中,中国传统文化衰弱的过程。《秦腔》写到中国一部分农民要离开土地走向城市,《高兴》就写农民到了城市以后的事,可以说《高兴》和《秦腔》是姊妹篇。中国正在走城市化道路,10年前、20年前中国城市在疯狂扩张,纵观世界都没有这么强烈的变化。当时的中国城市处于大拆大建最热的时期,产生了一批捡垃圾的人群,也形成了一个产业。第一批农民工里有一部分人没有技术,只能捡垃圾。当时我在了解这方面情况时,遇见我小时候的同学刘高兴,这才知道他带着儿子在西安捡废品。他们父子俩在工厂外搭了一个棚子,棚子非常小,当时天特别热,根本睡不成觉。他就把凉席洒上水再睡。我看了以后特别感触。如果我当时没有偶然离开农村到城里来,可能我现在就在工厂里看大门。

刘高兴原来叫刘书祯,自己改名叫刘高兴,就是希望实现在这个城市过上好生活的梦想,但这些人根本融不进城市。虽然生活很艰苦,但是刘高兴特别幽默,他跟我讲了很多他的故事,特别有意思。我就产生了写作欲望,去致敬那些从农村到城市的打工者。

张妮: 以刘高兴为代表的农民工群体的未来之路在哪里?如何解决他们的困境?

贾平凹: 这个没有办法解决,这是中国社会的问题,不是一方面可以解决的。但现在相对来说好多了,刘高兴基本上是第一代进城的农民工,后面的情况都变了。现在的农村基本上没有年轻人了,年轻人即便在城市找不到工作也要在城市浪荡着,把钱花了以后再找一个工作。不像第一代农民对土地还很有感情,大部分人最后都回到农村了。第二代、第三代农民工对土地没有太多感情,但是城市大部分的人又不认同他们,他们就飘在半空中,这是最严重的问题。

张妮: 您在城市生活了很多年,为什么城市人的精神和气质很难打动您,您笔下的主人公更多是农村人呢?农村与城市最大的隔阂是什么?为什么您有一点仇恨城市?

贾平凹: 我出生于农村。你要熟悉一个人才会写,像吃东西一样老吃就很熟悉,写东西也是如此,因为熟悉才愿意写。我写城市也写了很多,但给人感觉长篇小说中写乡下的比较多。农村还是比城市辛苦得多,困难得多。当一个农民确实不容易,我不是说同情,起码是理解这个阶层。

城乡差别说起来就复杂了,生存的环境不一样,慢慢导致意识上、想法上都有差距。20年前,乡下人进城,从他的行为举止、表情、衣着一看就知道是乡下人。现在很多农村的年轻人在城市里闯荡,从外表上分不太出来,但内部的不同只有自己知道。这也是十多年来中国很大的变化。

我也不是仇恨城市，城市也是一个平台，可这里也充满着分配不公、待遇不公，人越多的地方矛盾越多。就那些东西，大家都在争夺。我喜欢看《动物世界》，自然界的竞争很残酷，豹子把牛吃掉了，可能残酷得很。可是豹子要喂它的孩子，它带着病、怀着孕还要捕猎。它吃牛必须选老弱病残跑不动的或者小牛。为了你的孩子去捕杀别人的孩子，那又很残忍。当然，人类要文明一些，吃你不是当场吃掉，而是用各种名誉、地位、金钱慢慢把你消灭掉。所以，不能说掠食不对，也不能说掠食者不对，没有办法说世界的秩序。

张妮：在媒体报道中，名人和富豪更容易吸引眼球，但在文学作品中则更多描写的是小人物，为什么？

贾平凹：因为小人物代表的是更多数的人。精英毕竟是极少数人。当然，一些有钱有权有经济实力的人，在一个特定阶段，大家会很关注，但一个社会中，大多数人都是小人物。作家是要研究社会问题的，很多问题需要通过小人物挖掘、解释出来。当然精英也在关注之中，但他更关注中国社会最基层的东西，关注人最基本的东西，从中探索社会如何往前发展。

游名川、读奇书、见大人

张妮：您的书翻译成外文的还远远不够，其中有什么阻碍？

贾平凹：我20世纪90年代写的一批作品被翻译出去了，但后来因为各种原因和外界基本断了联系，这几年作品才开始被翻译得多起来，覆盖了十多种语言。相比之下，英文译本比较少，更多还是被翻译成法语。英语译本最近一两年才有三四本，基本上是我作品的十分之三四。大部分作品还没有被翻译出去。每个作家都希望自己的作品走得更远一些，不同语言的读者都能读到它。这是我的心愿。我非常感谢有各方面的力量来促成这件事，尤其像亚马孙这样知名的世界性平台，通过它向世界推广，对于中国作家和作品走出去大有好处。翻译家也很伟大。现在很多作品都涉及基层人，基层人必然要说基层话，翻译工作还是很困难的，翻译相当于重新创作了一次。从某种角度上说，世界文学其实就是翻译文学。如果不翻译，谁也不知道你。

张妮：有人认为，中国文学在世界文学中总体来说还属于小众文学，一方面是翻译的因素，另一方面是中国文学的文本过于中国化、乡土化，外国人很难理解。您对此怎么看？

贾平凹：各种声音都有，听起来都有道理，但不一定是那回事情。像很多评论说中国人的生活节奏快了，看文章都要看一些碎片化的或者很短的，但长篇小说还在不停地产生，那么长篇是谁在看？任何事情都不是极端的、绝对的。中国文学外国人怎么看？当然有一些国家发展得很现代，看你老写乡下的东西，好像跟他的生活有距离，他不是很理解。但还有一些发展水平跟中国差不多的国家的读者，看起来就特别亲切。事实上，人类社会发生的任何事，都不是一个国家、一个民族的事，而是一个群体都经历过的事。之前我接触过巴西的作家，我谈的中国的一些情况和他们国家是一样的，他完全能理解。比如，我们都在走城市化道路，欧洲和美国已经把这条路走过了。这是人类社会基本的东西，不管处于什么阶段的读者都能理解。再比如，现在我们看外国贩黑奴的作品，我们没有经历过这样的事,为什么能看懂?因为很多人性的东西都是一样的。

张妮:有人认为,中国文学中写人性恶、社会灰暗的那一面较多,缺少写善的、给人光明的东西。您怎么看?

贾平凹:中国现在正处于社会转型期,不仅物质特别丰富,现代人的思维开放程度也比几十年前高。但同时社会矛盾也很多,社会分配不公、贫富差距拉大、特权等问题都爆发了。这就是中国历史特殊的社会节点。除非我写科幻小说,或者写古代,如果写现实必然会牵扯这些内容。这就导致表面一看,中国作品里揭露的阴暗的东西比较多,但中国社会就处于这个时期。

人类的天性都是追求美好的,谁都想把日子过好,没有人说我今天生明天就去死,或者我今天结婚明天就准备分手。为什么产生文学?文学是为了让人活得更好。什么叫活得更好?有人偏重这个方面,有人偏重那个方面,都是从各种角度推动人类往美好的地方走。如果局部地看,可能觉得我批评的阴暗面太大了。这就像,如果你胸前落了一个饭粒,生人看到了以后不会管你,你的丑或美和他没什么关系,只有熟人才会跟你说。这跟社会生活中的道理是一回事。大事想不通的时候把它变成小事来考虑。世界局势看不懂时,把它变成单位的一件事,你就能看懂了。

张妮:您曾表示,未来乡土题材不再是中国文学的主流了,新的文学主流会是什么?

贾平凹:这个过程比较漫长,中国江浙这一带原来也有乡土,可是现在就没有了,变成了城镇,将来这种生活与原来的乡土文学就不一样了,没有现实的依据慢慢肯定就消退了,但在中国,不是今天说消退明天就消退或者五年十年后就消退了，我估计还要很长时间才能消退，因为毕竟中国还有乡村存在着，尤其是西部、西北部、东北部、西南部，基本上都是乡村。当然，很多城市里生长的孩子对农村不熟悉，会写自己的生活。但实际上不管写什么，内涵和感情都是一样的，都是写人，只是换了一个环境、舞台、背景，但表演的那一套东西是一样的。

张妮：陕西文坛出了三位文学巨匠：路遥、陈忠实、贾平凹，在您看来，西北文化为什么有如此强大的文学生命力？

贾平凹：这个问题比较难回答。创作和别的东西不一样。文学人才、艺术人才往往都是一窝一窝、一群一群地产生。陕西那个地方20世纪四五十年代出生的作家比较多，都是从乡村出来的，都是写乡村生活的，对那段生活特别熟悉。后面就不行了。为什么不行了呢？它毕竟不是一个现代化程度特别高的城市。现在更年轻的80后、90后、00后的作家虽然很多，但在全国产生的影响力就没有那么大了。这个事情很复杂，很难说清楚。

河里有石头，浪花才特别壮观

张妮：文学作品和传世文学经典之间最大的区别是什么？

贾平凹：这个我说不来，如果作品写的是一种长久的、人性里面长期都存在的东西，那些东西就能留下来。如果是短期的、时尚性的、时过境迁的东西，大家就觉得没意思，就不看了。可是谁写作品的时候都希望自己的作品能流传得更长一点，这就取决于作家本人的性格、修养、知识、学习、见解、见识等各方面的素质，很复杂，如果知道答案的话人类都能写出经典了。人类都在学，为什么几千年就那么几本经典？

张妮：您曾表示，希望自己的作品50年后还能被大家记住？

贾平凹：最差最差也得是50年，50年后还有人在看你的书，说明你可以当一个作家。实际上，不超过50年的都算不上作家。

张妮：对于如何搞好文学创作，您曾谈到要"游名川、读奇书、见大人，以养浩气"，能否具体解释一下这几个层面的重要性？

贾平凹："游名川"是要多跑一些地方，多看一些自然的东西。"读奇书"就是要精读一些有名的、经典的好书。"见大人"是见有见识的人、高人，就是"听君一席话，胜读十年书"的意思。吸收别人的东西才能加强自己。如果你没有见过世面，不知道外面有多少好东西，你做一个东西就老以为自己好得很，其实人家看你的东西根本就不行。

张妮：感觉您现在很淡泊，对批评、赞扬都无所谓了。那么，您对诺贝尔文学奖还有期待吗？

贾平凹：世上任何东西都不是说你想怎么样就怎么样，不是由你来决定的。写作是我的爱好，是我生活的方式，也是生命的方式。你不给我发稿费，不给我什么表扬，我还在写，习惯了。就像老农民一样，他干不了农活，还在门口编筐子。现在不是说我已经枯竭了，也不是因为惯性要写作，我觉得自己还有强烈的创作欲望。现在对我来讲，不是说缺吃缺穿，生计问题解决不了，我就想多写一些东西。

张妮：写作使您获得了名利，同时也面对激烈的批评。您曾经给友人送了一幅字:"大人小心,圣贤庸行",这表达了您怎样的心境和人生哲学?

贾平凹:"圣贤庸行"是老话,"大人小心"也是老话,我把这两句话挪到一块了。"圣贤庸行"是说,那些圣、那些贤的行为都要像平常人一样。"大人"就是地位很高的人。人做得越大,行为就一定越要小心。你再大,也得过普通人的生活。

人这一生每天都可能遇到神,也可能遇上魔鬼。今天有太阳明天或许就下雨了,没有说谁过得平平安安、顺顺畅畅。我觉得,如果你要把事情做得很大、很有成绩的话,这一生必然要有很多磨难,要遇到很多的神、很多的鬼,阴和阳的方面都有,才可能庇护着你走得更远,如果太顺搞不大。对于每一个具体的人来讲,都不愿意经历磨难,但从整个人生过程来说,磨难实际是好事情,"吃亏是福"这个道理过来人才知道。我从小磨难就多,创作以后争议也特别多。在20多岁时,谁要骂我、批评我,我就感到很委屈、很恐惧,害怕自己不能写作了,反正就是磕磕绊绊地走过来的。过后一想,你要感谢那么多磨难。就像河水一样,没有石头,水流过来是平平静静的;如果有石头,流过来的浪花特别壮观,很好看。

黄永玉

著名画家、中国画院院士、中国第一枚生肖邮票"猴票"设计者。

你拼命想弄钱、往上爬,花很多心思在别的上面,怎么能画好呢?

艺术不能为势位和金钱所误

编者按：问：您平时上网、玩微信吗？您对网络文艺怎么看？答：我最熟练的电器是手电筒。问：过年大家都回老家，您对故乡凤凰的思考是怎样的？答：终于不收费了。问：很多艺术家都长寿，是因为艺术让人心情愉悦吗？您的养生秘诀是什么？答：长寿和基因有关，走路小心一点，不要让汽车碰死就行。如果不是在国家博物馆与回答者面对面，《环球时报》记者很难相信，这位面不改色的"段子手"就是93岁的著名画家、中国首枚"猴票"设计者黄永玉。清晰的老年斑、发白的眉毛、随着拐杖缓慢移动的脚步，这些特征如同素描一样勾勒出了岁月，却画不出他的心理年龄。

张国立在电视节目《见字如面》中，读出黄永玉1983年写给曹禺的信，这让黄永玉突然成了"网红"。信中的语言犀利真诚："我不喜欢你新中国成立后的戏，你失去伟大的灵通宝玉，你为势位所误！"《环球时报》记者请国家博物馆前副馆长陈履生代向黄老请教：今天看，那封信说得重不重？对曹禺把那封信裱起来珍藏怎么看？答："这个问题我得回去想两年。"

想发财就画不好画

"这个事，同提问的人一点关系也没有，不长见识，也分析不出什么道理。问这个问题有什么用？"黄永玉并不想回应那封信，"信写给他，是我的一种感受。他装在镜框里还是相册里摆，那是他的事，不是我的事。"记者再次领教了这位"90 后"的"酷炫狂霸拽"。

即便和"吃瓜群众"没啥关系，网友们依然热衷从这封信中做出各种解读。有种观点认为，今天，一些艺术家为金钱所误，不过是换种形式重复历史。似乎不无道理。

毫无疑问，黄永玉欣赏在势位和金钱面前能守住灵通宝玉的人。比如他在中央美院时期的学生、奥运福娃设计者韩美林。《环球时报》记者一提到韩美林，黄永玉立马收回犀利，满满地都是赞赏："他这个人永远在工作，创造新的东西，不计较后果。他是为了名，为了钱吗？不是。他非常热情、真诚，艺术家这么真诚的很少。他就是想工作。越工作，越熟练，越精通，越做越好。"

黄永玉也是这样的人。在国博《黄永玉生肖画展》上，记者没见到名流云集的场面，新闻发布会也改称"媒体说明会"。和黄老相熟的陈履生馆长解释称，黄先生的展览沿用自己一贯的"四没有原则"：没有剪彩，没有讲话，没有研讨会，没有酒会。

还有一件事，让人挺震惊。据陈履生介绍，黄永玉画过两轮生肖猴邮票。第一轮面值 8 分钱的猴票如今价值已翻 15 万倍。很多人靠猴票发了财，但黄永玉拿的稿费非常有限。1980 年经费有限可以理解，但第二轮猴票的稿费只够他请集邮公司的相关负责人吃顿饭。"如果想搞市场策划，他每一轮猴票都能赚很多钱。"陈履生说。

"我的态度是，该拿钱的人拿钱，不该拿钱的人不拿。"虽然耳朵有点背，但黄永玉说话的声音却洪钟般浑厚有力。他坦言，这辈子最不懂的就是市场。在《黄永玉全集——自述》一书中，他也阐释了艺术与名利的关系：你拼命想弄钱、往上爬，花很多心思在别的上面，怎么能画好呢？画不好就挣不到钱。认真画画，自己快乐，周围朋友高兴，不想这些事情。长年累月下去，钱来的时候挡也挡不住。

带刺的幽默

"黄先生的幽默是带刺的，有时显得非常刻薄和辛辣，同时有很深的智慧。"陈履生的点评切中要害。无论黄永玉生肖画展中的作品，还是"文革"前创作的"动物短句"，都透着这股劲儿。

譬如这些短句。蛇：据说道路是曲折的，所以我有一个柔软的身体。蜘蛛：在我的上层建筑上，有许多疏忽者的躯壳。蛾：人们！记住我的教训，别把一盏小油灯当作太阳。再譬如生肖画及配文。画"老鼠吹牛"："我把老鼠夹子当健身器"；一张蛇年趣图中没有蛇，夏娃问亚当"蛇去哪儿了"，亚当说"让广东佬偷去泡了酒"；在"花果山水帘洞二万次代表大会"的横幅下，老猴王冲着小猴子们大叫："开会了！不要玩手机。"

现在的人看"黄氏幽默"，或拍案叫绝，或一笑了之。但在"文革"期间，他的"动物短句"以及之后画的睁一只眼闭一只眼的"猫头鹰"，则成了他"仇恨无产阶级'文化大革命'和社会主义制度"的证明，在"黑画事件"中成为首当其冲的批判对象。

"文革"让他看尽人情冷暖，却没磨掉他幽默犀利的底色。在生肖画展媒体会上,有记者问他对家乡有什么思考。他再露犀利本色:"我们凤凰县好像一个十六七岁的漂亮到极点的女孩子,可惜没洗脸,大家不认识她,她也不知道自己长得好。改革开放后,过了这么多年,这个小姑娘居然学深圳的风格,很遗憾。""你们年纪都轻,可能不知道,以前我们唱的《祖国进行曲》是苏联的,有一句歌词是:'我们好像是自己祖国的主人。'怎么是好像呢?要真的是主人才行。家乡卖了票,收了钱,有点像当年的歌词。最近听说家乡不再收钱,不再卖票,恢复正常了,我非常高兴。在自己的土地上还要拿钱,那算个什么?我们真的就是祖国的主人才行!"

黄永玉这样对《环球时报》记者总结他的风格:"如果你对一个人说:'我可不是对你讽刺与幽默。'它本身就是讽刺与幽默。"在他看来,讽刺与幽默同生活有关系,同你的家人、你的隔壁、你隔壁又隔壁的那些人有关。"你们常常遇到有趣的事,有些是快乐的,有些是让你生气的,看你用什么方式表达对它的看法。"他想了想,接着说,"另外,还要看你有没有胆。"

争分夺秒写小说

三年前,黄永玉的"九十大展"上,一幅书法作品引发热议,上面赫然写着:"世界长大了,我他妈也老了!"能如此笑傲人生的艺术家,中国恐怕只此一人。耄耋之年,黄永玉并不避讳谈那个字眼,甚至经常调侃之。被问十二生肖是否继续画下去,他回答:"不画了,画 12 年可以了,不可能再给我 12 年。如果画到一半我死翘翘,停下来,就辜负了大家的期望。"

黄永玉现在分秒必争，做自己最爱的事——写小说，连屋都很少出。他曾表示，自己的爱好里，文学排第一，第二是雕塑，第三是木刻，第四才是绘画。绘画虽然排最后，但可以养活前三个行当。

人生的苦辣酸甜经过岁月酿造，变成醇厚悠长的故事，这故事正成为他近300万字的长篇自传体小说。"我基本每天上午写，晚上不敢吃安眠药，如果吃了，第二天早上起来糊里糊涂，就写不下去了。有时半夜三更来了一句精彩的，爬起来赶快记下。"他对《环球时报》记者说，"首先你要自己得意，自己不得意，别人看起来就讨厌了。"

黄永玉写小说，是自己用钢笔一笔一笔写的。"有人问我为什么不用秘书。文学能找秘书吗？文学有语句的讲究，有上下句音韵的节奏。要进入情境和角色，集中精神，鸦雀无声地促涌出来。"小说何时完成？黄永玉略带伤感："我怕写不完。我现在才写到17岁，但想写到97岁，看样子写不完的可能会发生。很遗憾。活不活下去我倒不在乎，只是希望把它完成。"

因为有才，黄永玉被称为"老顽童""湘西鬼才"。他对这些称呼并不认同。"我今天的'才'是靠勤奋得来的。我对生活、对艺术的态度非常严肃，做什么都不敢以'玩'的心态。"那么，在黄永玉眼中，自己到底是个什么样的人？答案也许就是那本尚未完成的小说——《无愁河的浪荡汉子》。

崔如琢

著名书画家、鉴赏家、收藏家,连续五年蝉联胡润艺术榜榜首。

只有用中国的传统文化艺术来教育后代,才能培养出真正的民族艺术家。中西合璧不是世界的,只有民族的才是世界的。

中国艺术品价格一定会超越毕加索

编者按：72岁的崔如琢被誉为"中国最贵在世画家"，连续两年登上胡润艺术榜榜首。他的国画作品巨幅六条屏《飞雪伴春》曾以3.06亿港元成交价，创造了在世中国画家的世界纪录。2015年，其艺术品成交额近8亿元。有人笑称，他一年的作品拍卖额超过一家创业板公司的收入。2016年年初，他给故宫捐赠1亿元，成为目前故宫文物保护基金收到的最大一笔个人现金捐赠。这位师从李苦禅、20世纪80年代赴美闯荡的美籍华人，打破了艺术家清贫的形象，并成为著名的收藏家、慈善家。在位于北京的中国园林式大宅中，崔如琢接受了《环球时报》记者的专访。他并不避讳谈财富，因为"只有创造大量财富才有能力去做事"。他希望在80岁之前，成立"如琢人文艺术奖"，推动中国艺术走向世界。重要的是，"奖金要超越诺贝尔奖！"

只搞虚的会穷困潦倒，只搞实的会庸俗

张妮：您向故宫捐献1亿元，是出于什么考虑？

崔如琢：之所以做这件事，有两个考虑。一是我与故宫有着很深的缘分，初中时代，我就带着画板，挎着水壶，拿着干粮，在故宫展厅里进行临摹创作，从古代艺术大师的作品中不断得到滋养启

发。二是故宫保存着中国数千年来古典文化最有经典代表性的作品。作为艺术家，我希望能集全社会的力量共同推动故宫文物保护及传统文化传承，让民族艺术发扬光大。

张妮：自古文人多清贫，您却很富有。您怎么看艺术家与财富的关系？

崔如琢：过去的艺术家以清雅为乐，我有一个新观点叫清贵。清是虚，贵是实。中国文化的核心是虚实相生，只搞虚的会穷困潦倒，只搞实的会庸俗。精神、物质都要抓。国家兴亡匹夫有责。作为艺术家，我希望把画画好，把市场搞好，创造大量财富才有能力做事，不能只靠国家支持。我希望在75岁到80岁之间，成立一个"如琢人文艺术奖"，奖金要超越诺贝尔奖，这样才能引起重视。要成立全世界的专家委员会，话语权在中国。得奖人以东方为主，要把中国文化艺术凸显出来，让西方人以得中国的奖为荣。这是我的慈善梦。

西方艺术是科学思维，中国艺术是哲学思维

张妮：您当初是如何在美国闯荡并获得财富的？

崔如琢：走出去不是不爱国，我1980年到美国，希望看看外面到底是什么样。1989年回国时，我目瞪口呆：中国进步这么快！出国后更体会到邓小平的伟大。我在美国成功的第一条就是不学英文，你信吗？我到美国时已经37岁了，当时很多人说，你不学英文在美国怎么生存？我说，你先搞清楚英文是什么东西，语言就是个工具，就和自行车、汽车一样。汽车可以拿钱买，语言也可以，

我可以请翻译。我的学生在美国念书，英文非常好，我就算认真学十年也不如我的学生。我的特长不是英文，是艺术，是中国文化。

  刚到美国后，我曾有一段落魄的日子，甚至连住地下室的房租都付不起。后来，有一位台湾政要的儿媳喜欢我的画，用2000美元买了4张画，并把画带给张大千先生过目。张大千认为我的画值得收藏，很快我就接到那位女士的电话，说要订画100张，价格是12万美元，之后很多高端客户都找到我。我曾经在不到两个月挣得30万美元，这不仅让我绝境逢生，也体会到中国传统书画的价值。后来我买下一家公司的股权，公司上市后，套现挣了2800万美元。30多年前开始，我就在海外收藏大量中国古代书画精品。我收藏不是为了投资，是为了学习研究。1990年我从美国到香港，当时银行存款是3.2亿港币。很多人觉得不可思议，问我是怎么挣的。我说，我是用中国文化在美国挣钱。

  张妮：在您看来，东西方艺术最大的不同是什么？

  崔如琢：东西方艺术有很大不同。西方是科学思维，西方的写实油画是把眼前看到的世界非常真实、科学地反映出来，是照相式的反映。而中国是哲学思维，中国传统国画要把眼睛看到的外部世界通过心来表现，就像齐白石所说，"妙在似与不似之间"，太似为媚俗，不似为欺世。如何把握靠的是心，也就是自己的修炼和修养。怎么提高修养？中国人讲究琴棋书画。作为画家，一定要研究绘画的姊妹艺术，如音乐、书法。中国的书法和绘画紧密相连，所以中国的大画家通常都是大书法家。从这个意义上说，中国画的写意是写出来的，不是画出来的。每个人的修养不一样，中国的艺术才千变万化。

中国画家要以文史哲作为基本功,要清楚中国的文化史、哲学史。中华民族哲学的核心是"和谐"。《孙子兵法》的最高境界是"不战而屈人之兵",核心不是斗,而是和。而西方哲学的核心是斗争思维。中国历史总体上是一部和谐史,斗不是主流,和谐是主流。所以艺术家要爱国、爱自己的历史、爱自己的祖宗,不能骂娘,这点很重要。

西方教育制度培养不出中国真正的民族艺术家

张妮:为什么西方大师画作的市场价格比中国大师高出很多倍?艺术品的价格到底是由什么决定的?

崔如琢:首先,这种现象是不应该的。艺术品的艺术价值和经济价值可以画等号,好的艺术品就是贵。中国艺术大师的作品有非常高的艺术价值,丝毫不逊于西方。但同时,艺术品的市场价格也象征着国家的强弱。在鸦片战争以前,中国艺术品的价格远超西方。据说北宋的 GDP 占全球的 80%,全世界最贵、最好的艺术品都在中国。但从鸦片战争到新中国成立这一百多年里,中国在走下坡路,中国的政治、经济被边缘化,文化、艺术也被边缘化了。以齐白石的画为例,20 世纪 50 年代,齐白石的画 1 元人民币 1 尺都没人买。1976 年 10 元钱 1 尺,1980 年 100 元 1 尺。1994 年中国有拍卖行后,齐白石的画涨到 10 万元 1 尺。2011 年涨到 2000 万元 1 尺,现在一张画最高卖到 4 亿元。李可染、傅抱石的画也涨到 3000 万元 1 尺。同样是齐白石的画,为什么 60 年涨了几百万倍?因为改革开放了,国家富强了。

当前，西方艺术大师如梵高的画，最高市场价值已达13亿元。这并不意味着梵高比齐白石高明，而是因为中国的综合实力还不如西方，还不够强。另外，中国人的艺术修养及对民族艺术的重视还不如西方。中国艺术品的市场价格要超越毕加索、梵高的作品，还有一段路要走，但随着中国的强盛和人们艺术修养的提高，一定会实现。

张妮： 中国现在为何很难出艺术大师？中国文化如何真正走向世界？

崔如琢： 中国现在的美术学院不太容易培养出中华民族需要的艺术大师。因为很多艺术教育制度是从西方学来的，学的只是西方艺术的皮毛，我们没有产生西方油画的历史背景和环境。中西合璧这条路也不应该成为这个民族的主流，每个民族都应该宣传自己的主流文化，这个国家不管历史悠久与否，不管国力强弱，即便是经济较为落后的非洲国家，也要宣传自己的主流文化。因为文化是有根的，一方水土养一方文化。中国需要外来的艺术品种，但更应该宣传中国传统的主流文化。什么叫传统？就像人的遗传基因，基因是不能改变的，但营养可以加强，壮大基因。只有用中国的文化艺术传统来教育后代，才能培养出真正的民族艺术家。中西合璧不是世界的，只有民族的才是世界的。每个国家都宣传自己的主流文化，这个世界才百花齐放，才可爱。

张妮： 您对"中国梦"的理解是什么？

崔如琢： 根据我自己的理解，中国梦的魂是中国文化，是中国五千年的文明史，中国梦是站在历史、民族的高度提出的。鸦片战争后的一百多年里，我们自己的历史被边缘化、文化被边缘化、艺术被边缘化，很长一段时间内，我们的政治、经济体制做的基本上都是外国梦。在新的历史阶段，要正本清源，中国文化应该在我们民族中占主流。中国文化的核心价值是中国哲学。毛泽东写《论持久战》《实践论》用的都是中国哲学。毛泽东用中国传统文化战胜了日本侵略者和蒋介石，取得了中国革命的胜利。

新中国成立以后，中华民族进入一个新的历史阶段，开始做苏联梦，政治、经济、文化、艺术体制几乎一边倒地学习苏联。在美术学院，苏联的油画、苏联的色彩在领导着我们的学生。我们的美术学院培养了几百万个毕业生，为什么很难培养出中华民族需要的艺术大师？不是没有人才，是因为我们的艺术没有做"中国梦"，如果不改变教育制度，我们同样培养不出民族需要的艺术家，就没有办法和西方抗衡。

在中国近代史上，习近平总书记是第一位明确提出"中国梦"的国家领导人。我认为，要实现"中国梦"，就是要实现民族文化的振兴，实现中国文化走向世界，只有这样，中华民族才会回到汉唐盛世，成为地球上最伟大的国家之一。

对于我自己来说，我还有一个教育梦，希望改良中国的艺术教育，让中华民族的文化和艺术占领艺术教育阵地。这个过程会更加艰巨，不是一两代人能完成的。我现在接近暮年了，关键要看后人。但最起码我可以起个头，按照这个脉络走下去。只有艺术教育的模式改变了，中国的艺术事业才会真正崛起，中国文化才能真正走向世界。

韩美林

著名艺术家、清华大学美术学院教授，北京奥运会"福娃"设计者。

我的作品里绝找不到苦，表现苦说明你居心不良，你想把这个苦嫁祸给人家，让人家和你一起受苦、一起流泪。真正的艺术家是把爱给人家，把美给人家，把快乐给人家。

中国艺术不能迎合西方审美

编者按：韩美林身上有太多看不懂的矛盾：饱受苦难，笔尖勾勒的却是阳光与美好；名扬天下，朴实亲切得像传达室问候你下班的大爷；年过古稀，1.5 的视力和没染过的一头黑发让年轻人自叹不如。在设计第一轮生肖猪邮票 30 多年后，由韩美林担纲的丁酉鸡年邮票于 2017 年 1 月 5 日正式发行。这位北京奥运会福娃设计者、联合国"和平艺术家"再次吸引了大众的关注。在国家博物馆举行的《韩美林八十大展》上，不少观众在不重样的"百鸡图"前留影。被作品围绕的韩美林淡定从容，他嘱咐《环球时报》记者声音大点，因为右耳在"文革"中致聋。回答问题时，他率真得像个孩子，时而学雄鸡昂首阔步，时而在白纸上现场演示马、羊、鹿的不同画法，时而义愤填膺，时而眼含热泪。离开展馆前，韩美林走到一名服务员跟前，说了声：辛苦了！

面积小，天地大

张妮：您的邮票设计理念是什么？如何看邮票对于大众的意义？

韩美林：我 1956 年就开始集邮了，曾集过上万张。邮票是跟人民最接近的艺术。邮票设计首先要漂亮，画得苦歪歪的谁也不愿意买。也不能太抽象，要让大家感到亲切。鸡谐音"吉"字，老百姓就图个吉祥安定。鸡年邮票延续了第四轮生肖邮票合家欢的概念：第一枚是雄姿勃发的公鸡，象征"国"，第二枚母鸡带着憨萌的幼鸡寓意"家"。鸡是人类接触最多也是最有感情的动物。鸡很漂亮，羽毛是五彩的；走起路来精神；鸡还很厉害，有时会跳到房顶上。为设计鸡年邮票，我绘制了上千幅手稿。艺术创作有一个生活中最不用的规律：攻其一点，不及其余。有的人抓住人家一个缺点骂起来没完，这是很差的品德；为达目的不择手段，这是最让人讨厌的。但在艺术里可不是，要抓住它的特点和规律，充分发挥。画出一只鸡以后，一千只鸡在那儿等着我呢。

邮票有一个非常重要的作用——教育。它面积小，天地大。起码是审美教育。小小一张邮票还能让孩子学画画、爱动物、爱植物、爱祖国、爱地球。集邮的朋友上千万，这是难得的宣传面，邮票的作用就这么大，而且不占地。

张妮： 从生肖邮票到奥运福娃，再到此次展示的小熊雕像，画风都很萌。80岁高龄是如何保持童心的？

韩美林： 好多人说韩美林画的老鼠可以养，为什么？可爱啊。为什么可爱？你爱它。对艺术家来讲，童心真是一个很重要的因素。你不爱生活就没有童心；不爱孩子就没有童心；小蚂蚁、小蜘蛛、小壁虎子，你不喜欢它，就没有童心。童心要保持到80、90岁最难。有一次，我去协和医院，那儿的大厅刚装修好，地面倍儿亮。我一看这地面就上去滑旱冰，这种童心不是造出来的。

艺术家也得懂 3D 打印

张妮：您在"文革"中入狱多年，手筋被挑断，右耳失聪。为什么在您的作品中看不到苦，反而让人感到甜甜的？

韩美林：绝不言苦！我的作品里绝对找不到苦，表现苦说明你居心不良，你想把这个苦嫁祸给人家，让人家和你一起受苦、一起流泪。我希望珍惜这一生，不要把苦难让人家知道，让大家快活一点。真正的艺术家是把爱给人家，把美给人家，把快乐给人家，把真和纯给人家。如果能把大美渗透到人心里，用大爱教育人更好，这是艺术家的天职。

张妮：除了绘画，您还涉猎书法、雕塑、印染，甚至设计紫砂壶、家具，这么多艺术灵感源自哪里？

韩美林：为什么画不完？因为我有看不完的生活。中华民族有五千年文化，我们的大篷车每年都到各地采风，跟农民、跟人民在一起，今年是第 40 年。我们跟大家一起唱、一起说、一起哭、一起笑、一起捏过年的馒头。我画人体，一根线能画这么长，是用狗毛笔画的。再好的毛笔画到一半就没水了，我们去采风时，发现人家用狗尾巴尖儿做的笔，怎么画都有水。创作真是离不开民族的色彩、形式、工具、手法。现在我的构思稿 200 年也用不完。艺术家必须要到民间接地气。你没有感情，不爱人民，不爱传统，创作不出来。鱼水关系，我们是鱼，人民是水。下一步，我还要贡献油画、中国古文字大典，这是我后半生要献给祖国的。

还有，你是现代人，必须关心现代。现在不是专家时代，是杂家时代。科学家不能只研究科学技术那一块，还要研究科幻。一些疯子、傻子、儿童的幻想都能作为科学前进的动力。科学家都进步了，艺术家能不进步吗？画梅花就画梅花、画牡丹就画牡丹的时代过去了。现在的艺术家应该关心世界，关心地球，关心人类疾病、科学技术……这样才能画出深入人心、有底气的艺术作品。地球变暖是人类不断索取的结果，画家的责任就要宣传地球是我们唯一的家园。未来改变世界的十大科学技术包括3D打印。我做的关公雕像，光是大刀头就31米长，就用上了3D打印技术。我虽然80岁了，但必须跟上时代。

我当博导，不考英语

张妮：您的作品绝大多数取材于中国传统文化。但中国的当代艺术更多在追求西方的审美认同，您曾表示，"798""大裤衩"已经没有中国文化了。这一现象的根源是什么？

韩美林：一是现在的审美趋势在变。中国古代建筑的顶是一褶一褶的，窗户是一格一格的，屋里雕梁画栋。现在的时代叫比特时代，就是大数据、互联网时代，是解决问题最迅速、最实际的时代。现在，大家都是时间的穷人，走起路来都得小跑。都坐汽车，嗖一下过去了，小面积已经不适应当下的潮流。现在需要大的活动场所、大桥面、大建筑。建筑里的内饰都是大设计。审美趋势、色彩都必须跟着时代变，要一下子亮出来想表达的是什么。

二是一些留学回来的年轻人直接把西方的东西拿来就用，铁片子一拧、绳子一绕，不锈钢到处乱放……这不是一条艺术家走的路。因为，什么都可以全球化，像医疗、科技、法律，甚至体制都可以引进来，唯独艺术不行。艺术强调的是个性、独立性、民族性。每个民族画的都一个样，这个世界真是没有趣了。艺术不能替代，只能继承。

中国很多艺术大师像徐悲鸿、傅抱石留学回来后都致力于发展中国艺术。现在一些年轻人对国家、民族、人民的感情比较淡漠。原因是，欠老师、欠父母、欠有识之士的教育。中国的艺术教育有很大问题。艺术生上大学为什么一定要考英语？搞艺术的人对数学、英文一般不感兴趣，它是两种思维。科学的招生对人应该是有分类的。有的人逻辑思维挺棒，有些人形象思维发达。古人说，看菜下饭，量体裁衣，现在我们一律都穿一样大的褂子、裤子，要命了。我不是反对大家学英语，这个时代应该学英语，但是不是可以选修？在清华大学，我是第一个不考英语的博士生导师。大胆地说一句：教育必须改革，为了我们的后代！

张妮：艺术家与艺术大师的差别是什么？是艺术造诣还是人格？

韩美林：最大的差别首先是艺术道路。艺术应该是一辈子的职业，有的人唱歌唱到一定程度就唱不了了，有的年轻花旦演了几年就不演了，艺术生命太短。老画家、老中医、老船长、老编辑、老教师，都是年龄积累产生的。老船长一站在船头就知道半小时这边准来大风，赶快掉转船头。大师的造诣都是从一辈子的职业生涯中积累出来的。

人格当然非常重要。有些人稍微出了点名，就狂成那样了。戴着墨镜不摘下来；谁敢给我照相？抓过来就把人家相机扔地上。一句话，文化底蕴不够。很多人都是这样被自己淘汰的。真正的大师对名利看得很淡，骄傲不起来。你永远离不开大家对你的支持，你尊重人家，人家也会尊重你。大家都不容易，"换位思考"，这个社会才会"和谐"。

想想革命烈士多么不容易——我的朋友死无葬身之地，连坟都没有。我现在什么荣誉都有了，我还要钱干吗？还出名干吗？还弄那些派头干什么？我不需要。这次办"八十大展"没别的，希望大家看看高兴就行了。里面有我尽力写的1.7米的大字：上善若水。我才1.65米，三等残废，那几个字比我还大。我认为，一个人不管对国家还是这个世界，只要尽力了，他这辈子做人就一个字："值"。

我们算艺术界改革开放的试验田

张妮：40年前成立的韩美林工作室被认为是艺术界改革开放的先锋，从最初走出体制到现在的规模，经过了怎样的发展历程？

韩美林：改革开放后，中央号召发展经济，鼓励让一部分人先富起来。艺术家也不应该吃社会主义津贴，该断奶了。我们算是艺术界改革开放的试验田。我们本来就有一个比较成熟的四人工作组，1978年，我们率先从体制里走出来，成立了韩美林工作室。那时国外有一部电影叫《大篷车》，我们工作室就借用这个名字，创立了韩美林艺术大篷车，到全国各地采风、工作。说是大篷车，但我们哪有车？连自行车都没有。只能坐火车、坐汽车，坐到哪儿算哪儿。原来靠公家养惯了，一下子断奶受不了，遇到了很多阻力。刚开始，我们没收入，没饭吃，只能吃墙角别人扔掉的苹果皮。有一年,我们给大连老虎滩设计老虎雕塑,没饭吃怎么办?我们就买一些特别便宜的肥肉吃。后来,公园的职工看不下去了,给我们熬了一锅疙瘩汤。哎呀,吃得那个香啊!我们当时就这么惨。除了吃饭还有很多问题,比如我们没有银行账号,借用了一个朋友的账号。结果,人家给我们的设计费都被那个朋友扣下来,我们一分钱没拿到。有一天,下着大雨,我在老虎滩上哇哇大哭,大喊:"我报国无门啊!"幸亏当地的一位副市长很支持我们,才让我们把老虎滩的雕塑制作完成。我们那时的法律意识、合同意识、税务意识、会计意识都很淡。有的机构用了我们的设计却不署我们的名字。改革开放初期,中国从一个非商业的、政治为主的社会转换到一个商业环境,很多人的思想转变不过来,这种矛盾是必然的。

这40年真是非常艰苦,但我们始终坚持没有放弃。马克思说过,量变积累到一定程度就会发生质变。后来,我们工作室越做越好,在全国建了三座韩美林艺术馆,现在正在建第四座馆——宜兴韩美林紫砂艺术馆。大篷车是宣传队,也是播种机,很多人受我们的影响,走上了专业的艺术道路。

艺术家最聪明的办法就是下去!到民间去!为什么很多艺术上的问题,到我们这儿就有很多方法解决?下去就能得到丰富的知识。"神仙也挡不住人想人",这歌词多么挖心眼,就得到民间去搜集。现在,我们从织绣、印染到大雕塑、均窑、紫砂;从刻的、雕的、印的、染的,到画的、写的,布、木头的、石头的、金属的,没有一个不会的。下去了,你就会知道老百姓的疾苦,就会改变现在对世界、对社会、对艺术的看法。你就会知道你的天职是什么，你的艺术选项是什么。中国的民间艺术取之不尽，我现在积累的素材再画200年也画不完。

张妮：您的艺术选项是什么？

韩美林：艺术家的天职就是把生活吸收后，将真实的东西变成艺术、变成美，再还给生活、还给人间。艺术家应该把国家、地球打扮美了。那么，你创造美是从什么角度出发？善良，善待一切。大家常说，人是万物之灵，但人对地球的破坏最严重，很多动物、植物都灭绝了，空气、水被污染了。动物吃饱了不会再吃，但人的欲望填不饱。人类应该成为动物、植物的榜样。作为艺术家，应该善待地球上的一切。不能让一些哗众取宠、公式化、概念化的东西覆盖了文艺界。

张妮：您把作品都捐给国家，在您看来，年轻艺术家应该树立怎样的价值观？

韩美林：这和启蒙教育有非常大的关系。今年是我参军70周年，我给老八路司令员当过通讯员，从小就受老八路的影响，不能光向这个世界索取，应该为世界做贡献。所以，我们从头到尾都把钱看得淡淡的。就像黄永玉老师讲的，你想发财就画不好画。再说，我的画没有重样的，也舍不得卖，要捐给国家。过去40年，我们碰到的贪腐现象很多。有的艺术委员会不交几十万会费，就不让你入会。这就是对你人品的考验。我们坚决不行贿。我对我的博士生、徒弟说，艺术家第一要学会做一个堂堂正正的人。第二要有生存本领。第三要对国家和世界有贡献。没有这三条就说明，你不是模范，不是榜样。我在"文化大革命"期间受过不少罪，但起码我在艰难的环境里，交了很多朋友，也锻炼了自己。我从前说话都红脸,到人家里去,害臊得跑到厨房藏起来。这么多年的历练,给了我一身胆量,我很自信,我感觉自己能站起来,做一个大写的"人"。我经常对年轻人说,做人一定要达观,任何情况下都要成为一个铮铮铁骨的好汉!

谭盾

著名作曲家、指挥家,电影《卧虎藏龙》音乐创作者,"奥斯卡金像奖"最佳原创音乐奖得主。

再过一百年,如果古典音乐还没有中国学派,如果世界音乐史还没有谈中国音乐的美学,对一个中国音乐家来说,是非常耻辱的。

那将是中国音乐家的耻辱

编者按： 在国家大剧院上演的"卧虎藏龙——谭盾与中央民族乐团音乐会"上，谭盾的指挥棒不只面向乐团，还转向观众。在第一曲《风与鸟》演奏之前，谭盾邀请演奏家和观众用手机扫描一个二维码，获取一段"鸟鸣"音频，并将手机音量调至最大。然后指挥观众播放手机音频与乐团互动。灯光关闭，几百个手机屏幕变身黑夜中的点点星光，音乐厅瞬间成"鸟林"，一部活色生香的"手机交响乐"诞生了。这不是谭盾的第一次创新。2001年，他因创作电影《卧虎藏龙》音乐获得奥斯卡最佳原创音乐奖，在这部使其声名远播的电影中，他让马友友将大提琴拉出了二胡的声音。2018年7月，国家大剧院拉开"漫步经典系列音乐会"大幕。为这场全球古典音乐盛宴热身，自然少不了长年游走于东西方文化的谭盾。在一场"艺术沙龙"上，谭盾一身黑衣白裤亮相，不知是否想表达阴阳太极。借着世界杯的热度，他聊起小时候被学校的足球队和乐队都看中了。但老师对他父母说：你们的儿子不要再踢足球了，他是为音乐而生的。"结果，我没踢成球。后来，我发现，交响乐队的小提琴、大提琴，不就是足球队里的中锋、前锋吗？"谭盾对《环球时报》记者说，"交响乐团跟体育团队真的是一种人类现象，不只是竞争，更多的是人类文化的分享。

你可不可以用音乐告诉观众，他们两个人相爱了

张妮： 世界杯刚结束不久。有人认为足球与音乐有很多相似之处，作为球迷、音乐家，您如何看二者的联系？

谭盾： 足球跟交响乐、古典音乐确实蛮像的。比如，足球非常讲究团队精神——筑梦。交响乐也是。而且交响乐的成就也要取决于观众，如果踢球没观众就像谈恋爱没有爱人，白踢了。我从小喜欢踢球也喜欢拉小提琴。我父亲是军人，我9岁时进了一所部队学校，这个学校有足球队和乐队。我被两个队的老师都看中了。但在乐队就是天天拉一些红小兵的曲子，而足球队很有意思，我喜欢当中锋，就天天踢球。但老师告诉我：你是为音乐而生的。老师还跟我爸妈说，你们这个儿子千万不要再踢足球了。结果，我就没踢成球。后来，我发现，交响乐队前面的小提琴、大提琴，不就是足球队里的中锋、前锋吗？整个交响乐队的布局太像足球队了。另外，很多足球队都引进其他国家的球员。而世界各国交响乐团的指挥，很多都不是这个国家的人。苏州交响乐团50%都是外国人，深圳交响乐团有30%外国人。所以，交响乐团跟体育团队的组合真的是一种人类现象，也是人类文化的一种分享。我觉得体育跟音乐很像，因为它不只是竞争，更多的是分享。

张妮： 您参与过多部电影音乐的制作。音乐对于电影来说，意味着什么？音乐的本质又是什么？

谭盾： 我跟冯小刚、张艺谋、李安合作了三部武侠电影音乐。我发现，李安武侠的情怀在清末民初，张艺谋在战国时期，冯小刚在唐代。通过这三部电影，你就发现其实武侠是中华文化跨越几千

年的一个大格局。其实，音乐在歌剧、文学，特别是电影里，有一个特殊功能，就是它有一种所谓"字幕语言"。很多导演讲故事的时候，有的地方文字不一定能讲清楚，这时要特别借助音乐。比如说，《卧虎藏龙》里，李慕白（周润发饰）实际上喜欢玉娇龙（章子怡饰），玉娇龙也喜欢他，但中间较着劲儿，两个人针锋相对。导演李安就对我说："你可不可以用音乐告诉观众，他们两个人相爱了，但是我不能说，我说了人家会恨死我的。"有意思吧？音乐，就是形断意不断。明明是一对情人，但有时候不一定能持续下去。当然，有时不持续下去也许更好。英国披头士乐队哪首歌流传最广？就是 *Hey Jude*。2012 伦敦奥运会就用它做了开幕曲。当年约翰·列侬与小野洋子结婚后，约翰·列侬和前妻的 5 岁儿子得了忧郁症。为了救这个孩子，乐队全员出动写了这首歌。没想到，一首给孩子的歌却让全世界听上了瘾。今年正好是这首歌创作 50 周年。所以，无论我们做这样的音乐创举或那样的原创，音乐还是一定要回归情感的描述。

刘天华之所以成为刘天华，是因为他把很多小提琴的技术应用于二胡

张妮：据说，中国的音乐学院对二胡等民族乐器的教学手段偏向于西方，这是否会导致民乐传统的丢失？

谭盾：我去留学的时候父亲对我说，不要老讲英文，英文讲多了什么都忘了。我说，如果要把老祖宗的东西传到全世界，我英文不讲好怎么传？无论是跳民族舞还是爵士舞，这个舞蹈训练上来先是芭蕾训练的方法，实际上是一个科学的身体展示。所以我觉得，艺术门类里其实有很多东西无论是东方还是西方都是互相借鉴的。比如说，东方的冥想，西方已经把这些东西学以致用了。在训练的时候有西方的科学，也有东方的文化。科学跟艺术是一对孪生姐妹。像刘天华之所以成为刘天华，就是因为他把很多小提琴的技术改成二胡的技术，使二胡有了崭新的生命。《兰花花》也可以有不同的训练方式，所以我觉得这不是问题。最重要的还是个人的理解和个人目标，其实越多元化的学习，越能成就有个性化的发展。小孩的教育一定要多元，我们对小孩的教育最重要的一条是给他选择，而不是教他怎么做。这是一个颠覆性的思考、思维。天才是怎么出来的？全是自我的选择。

张妮：中国传统文化的创新性发展，如何创新才是对的？

谭盾：真正的创新其实要在最大的平台上做，比如教育、一种新理念或体系的创立、新市场的开拓，至少这三个层面都需要。还有，中国传统文化的创新，一定离不开一个更加广阔的、对于真正新意的理解。越古老的东西可能越要用新的东西去带动它。越原始的、传统的、根基舍不得的东西，越要用科技的东西去拥抱它。当科技拥抱传统的时候，未来就会产生。科技如果不拥抱传统，科技也许走不了多远。所以，我觉得这个"新"其实也有"心"的意思，内心的"心"和崭新的"新"，这两个东西要联系在一起。

张妮：您做了很多创新，也得到非常多赞誉，但也有一部分人对您的音乐有不同看法，比如认为您的音乐观念大于内容。您对这些批评与争议怎么看？

谭盾：首先，我的观念的实行，永远是要用最最美丽的旋律和最最动听的音乐去承载。其次，我的观念对于节奏来说，也是非常重要的一个呈现。最后，你一定要让这个平台来说话，因为你自己有时候也会有一些困扰。比如说，他们会不会觉得你的节奏太强？这些从来不听节奏的人，一定会觉得你节奏性太强。还有人会不会觉得你的旋律能有更多民歌？也许他听的器乐不够，而且我们也不一定是做民歌，但我们可以把民歌演化成交响乐，不就像贝多芬把德国的民歌演化成《欢乐颂》一样吗？

我觉得一方面要执着，坚持自己的信念。另一方面，有时听听不同的声音也蛮好的，虽然不一定所有人都是对的，但你可以从不同的方向看到自己。因为总是从自己的心里看自己，也不一定好。但有一点我很自信，就是我自己认定的方向、认定的观念，我是一直会走下去的。而且，我觉得艺术就是要观念取胜，要有大的格局。

禅宗、太极在外国兴旺，因为它们有一种人类共通的哲学能量

张妮：根据您对东西方文化的理解，中国音乐如何才能"走出去"？

谭盾：我觉得"中国音乐走出去"，一是要进入西方的市场，二是要进入西方的教育体系，三是要让西方的东西进来。因为很多东西其实都是属于交流的，文化不交流它就不能普及，也不能进入别人的国家或者民族去，我觉得之所以"丝绸之路"有意思、"一带一路"伟大，我是因为可以你进来我出去，一定要交流才可能兴

旺自己。如果只是从自我的角度想创新，从自身的需要想世界文化的平台就很难。很多"新"的东西为什么没"新"起来？为什么普及不了？为什么去不了外国？而为什么一些中国几千年前的东西，比如说禅宗思想、阴阳太极、《易经》，在外国就那么兴旺？因为它们有一种共通的哲学能量。也就是说，这个东西虽然是你创造的，但是有人类的共通性，让其他民族的人也觉得它是汽油，是驱动力，很容易进入西方的教育体系。西方的现代美术也经常用中国"大象无形"的理念。中国老祖宗已经为我们铺垫了很多创新的范例，这个范例就是，我们的"新"一定要从宇宙的角度，要从全人类的角度去挖掘，才可以带动未来，成为未来的驱动力。所以"新"的东西一定要找到一个氛围、一个格局。

张妮：在西方，古典音乐爱好者大都是老人，很多小孩都不学钢琴了。而在中国，古典音乐的观众群体普遍年轻。"歌剧之王"多明戈曾表示，中国有可能拯救古典音乐市场。您如何看中国音乐市场的未来？

谭盾：这个关注很有意思，你说的情况也是对的。中国到底是不是未来音乐的市场？我觉得是的！真的，因为每一个民族和每一个城市都有它自己的声音。我之前去俄罗斯路过一片田地，看到妇女们在耕地，每个人都在看书。我问一个大姐在看什么书？她告诉我：普希金。俄罗斯的农民是非常浪漫的。中国其实也是一个非常浪漫的民族。中国人可以听雪，下雪的时候可以听到雪的声音。这是什么情怀？中国人说"大音希声"，在国外索性我就直接这么翻译：最宏大的声音只能在安静中听到。他们觉得很伟大。我们常常把一些有意思的中国音乐特别是中国乐队带到西方，演出时就发现，底下都是很多年轻听众，他们回来了。中华民族的伟大之处在于，心里的世界非常大，它可以装很多东西。禅就是自己对自己说，就像打高尔夫自己跟自己比一样。作为中国的作曲家，我觉得西方的世界音乐史写得不公平，都是西方几百年那一套。为什么不写中国的、东方的？两百年前，巴赫发明了十二平均律。而早在两千四百年前，中国的编钟就已经有十二音了，一千多年前的敦煌壁画上画的乐队已经上千人了。音乐史学家必须把以欧洲音乐历史为主的音乐史重新翻牌。西方的古典音乐其实是用和弦和乐音的物理组合形成流畅、紧张、舒缓的。我个人体会，中国的音乐其实是在空气里、水里、诗歌里，是有机体系。中国音乐是什么？是信天游，是敦煌，是儒释道。中国的音乐是一人一琴一天地，有两个人就了不得了，所以诞生了知音这个词。就算没有听众也可以对着松涛、对着水弹琴。一张古琴，就是一个千人乐队。

所以，我觉得中国音乐市场一定是未来的希望。从目前中国音乐教育的规模看，非常了不起。但也有一个现象令我非常担忧，中国的大学越建越多，真正的教授越来越少。如果我要做一个称职的教授，一定要鼓励音乐的普及，要让我们的心灵获得自由。因为只有在最放松的状态下，才可以成就想象的巨大空间，让想象力乘着音乐的翅膀自由飞翔。我觉得，只有那一天，中国的古典音乐才真正可以成为世界的市场。

另外，中国的音乐会每个月都在开，但中国的原创歌剧、原创交响乐有几个是可以让世界的管弦乐团作为21世纪中国学派的代表来演奏的？这就是我们的音乐人特别是教育机构要做的。学了这么多年古典音乐，我一直想把中国古典音乐学派建立起来。但这不是容易的事。音乐最难突破的是在作曲风格、指挥风格、诠释风格上。另外，如果成就一个音乐大国，要开多少音乐学院、多少音乐厅？需要多少家庭的投入？家庭和国家的教育要重新整合，还涉及对中国哲学基础的研究以及中国音乐家的拓展。其实，这是一个民族的事。再过一百年，如果古典音乐还没有中国学派，如果世界音乐史还没有谈中国音乐的美学，我觉得对一个音乐家来说，是非常耻辱的。这也是为什么我要用毕生的精力来奋斗！

我特别想恢复中国寺庙里的乐僧

张妮：音乐对一个城市意味着什么？对建立国际一流和宜居之都的北京来说意味着什么呢？您有什么建议？

谭盾：2022年冬奥会跟北京有关，也有相关领导咨询我，如果要为冬奥会做音乐，北京的声音是什么？我一时还真答不出来。我在中央音乐学院上学十年，之后离开北京十年，1994年一回来，我就发现很多记忆没了，不少四合院都不见了。北京是中国的政治、文化中心，我觉得还是要放松一点点。应该有很深刻的音乐文化，多一点多元化的东西。多元不只是场地的建立。现在北京的音乐演出场所很多。一个最大的问题就是，硬体在前面，但软体跟不上。缺乏非常专业的音乐策划团队。它可以策划爵士、策划儿童音乐，也可以策划电影音乐。但千万不要所有活动都是群众运动，不要再搞严肃音乐了！说起严肃音乐，这是一个很烂的词，中国的古典音乐界给自己建了一个监牢把自己关进去了。音乐哪有严肃和不严肃之说？他们认为古典音乐、交响乐就严肃，其他都不是严肃的。我今天听听古琴，明天喝喝老酒，这全是音乐，都是好的生活。音乐太多元了，情感太丰富，音乐欣赏其实是越多元化越好。就像咱们吃饭一样。如果你最喜欢吃饺子，让你天天吃饺子，真是疯了！听音乐也是一样的，只听一种就很难受。所以不管是古典音乐、通俗音乐、古代音乐还是新世界音乐，听得舒服就听懂了。北京还要多一些浪漫。北京实际上是一个非常浪漫的城市。不过你表面上不太容易看见。北京需要一些浪漫的题材，让大家浪漫地生活在这里。因为音乐是一种浪漫属性的艺术，这就是我的心声。

　　北京是全中国千年古庙、百年古庙最多的城市，最近我去北京智化寺，发现里面有唐代的乐器。其实以前中国的庙堂里面是有乐风的。很多老的寺庙都保留了中国最古老的乐器、乐谱。其实弘一法师最开始就是给大家编歌的。中国以前的国乐表演很多都是在很大很漂亮的、有很好感觉的场所。就像西方很多好的音乐都在教堂。所以，我其实有个很大的梦想，就是特别想恢复中国这些寺庙里面的乐僧。每一个庙里面养一个民乐团，甚至是养一个室内乐团，少则一人——像少林寺养三个乐团，西方乐团也可以养。走到这个庙里有这个音，走到那个寺院里有那个音。其实西方的教堂里面养活了很多合唱团、很多乐团、很多音乐家、很多独奏家。那为什么我们的庙里面不可以多养一些国乐家呢？每年成千上万的国乐毕业生都有去处了。

　　我觉得太有意思了，做古典音乐实在是有意思！它可以把古代跟未来结合起来，甚至也可以把西方与东方结合起来。

濮存昕

著名演员、北京人民艺术剧院原副院长,中国电影金鸡奖最佳男主角奖、中国戏剧梅花奖得主,代表作《英雄无悔》《李白》《哈姆雷特》等。

朗诵经典文学,让我感受到了文学之美、声音之美,我希望继续做它的传递者,令熟悉者重温这种美,令陌生者认识这种美。

诵读，补上传统文化重要一课

> 编者按："我们管这个叫裸戏。"在国家大剧院话剧《李尔王》的排练厅，濮存昕笑着对《环球时报》记者说。因为排练时演员们都穿着平时的衣服，没有化妆，也没有任何舞台道具，看的就是表演本身。濮存昕说这话时正值中场休息，公演前两天。他穿了件极家常的蓝色休闲外套，满头稍显凌乱的白发和目测约3厘米长的白胡子格外醒目。"这是染的，奶奶灰。"他指着头发说。胡子则是为了角色特意蓄了一个月。场下的他放松随和，一上场，莎士比亚笔下的李尔王就附了身。傲慢、咆哮、哭泣、疯癫、彻悟、死亡，舞台上的李尔王经历了一次生命的轮回。"李尔王是西方演员渴求的最重要的角色，因为他太分裂了，太对立了。"濮存昕在接受《环球时报》记者专访时说，"如果让我20岁时演，我可能没这个理解力，现在到这份上，应该有了。"

蓄须明志

张妮：您为什么不贴上假胡子，而要蓄须一个月呢？

濮存昕：蓄须首先是演出需要。因为演出时会流汗，有面部动作时，假胡须容易开，还是真的保险。另外，也是蓄须明志。我去年第一次演这部戏时压力特别大，需要吃安眠药和降压药。可是，如果没有那个压力，一个月能拿下来吗？那么多台词。我演弘一法师李叔同的时候需要减肥。我什么减肥药都不吃。就看着饭，给自己定一规矩：只吃一半。晚上不吃饭。真的能做到。饿得实在睡不着，就喝点酸奶或吃点苏打饼干。只要胃里不磨得难受，就可以睡觉。这就是信念，真的要相信信念的力量。搞艺术要有不顾一切的精神，不对自己狠一点不行。如果用宗教的说法，就是用出世精神做入世事业。这种类似宗教的状态在艺术上能帮你建立起一种气场。

张妮：中国版李尔王有何不同之处？

濮存昕：我们这版《李尔王》是有底气的。我们看过英国人中规中矩、最纯牌的英式莎士比亚剧。应该说有借鉴。但我们的戏不一样。首先，样式不一样，舞台设置、化妆等不一样。更重要的是，我们有东方的东西。我们从自我出发，没有演一个外国人、洋人，你自然是东方人、中国人，自然是濮存昕。从自我出发，这个我是怎么产生的？首先是从文本中发现、感受、想象。当你重新通盘去想的时候，应该从理解出发，莎士比亚的本意是我们能猜到、能理解的，然后开始生发，这是一个艺术规律。

我在台上跟观众玩命，他能不看我吗？

张妮：这部剧有很多年轻演员，在表演方面您会给他们什么建议？

濮存昕：我跟团里的孩子们说，如果去年怎么演今年还怎么演，要问问自己对还是不对，重新来过你一定会发现新的问题。一些配角不用心演的话，就要批评他们。比如，他的台词和脚的位置完全不对。我们看打篮球，脚跟不上就会犯规。五次犯规你就被罚下去了。我喜欢看马布里打球，脚底的速度是别人的一倍两倍，一晃人就过去了，把对手提前一个半拍堵住，让他没办法发挥。脚指头和心是在一起的。

另外，台词要按标点符号说吗？标点符号在我这儿没有，在我这儿只有意思，只要把意思拿住了，今天这儿顿一下明天那儿断一下都没关系。我从来没有正规地学过表演，这些问题是我看老演员、好演员演戏学来的。话剧演员如果想百尺竿头得向戏曲学习，那才有中国自己的味儿。还得多看绘画、听音乐等，很多艺术的东西都是相通的。

张妮：在您看来，表演的真谛是什么？

濮存昕：很多人问我，你们演员演亲吻、拥抱，真的假的？有感情吗？我说有啊，此时此刻都是真的，是名义上的，她是我的夫人、女儿，你要坚决相信这个假定。这样你就不觉得紧张，不觉得丑，不觉得不好意思，没有脏念，很干净。灯灭了，幕落了，戏散了，我还演吗？演员就是要在职业上进入、跳出，生活、艺术，艺术、生活。

很多人戏演得不够好是因为自我限制，不敢演，如果没有限制呢？姜文说过一句黑话：演戏不就跟上床似的，穿衣服怎么上床？表演就是这样。演的时候，没有那么多装，全是真的，在台上肯定有气场。我们在台上跟观众玩命，他能不看我吗？京剧大师李少春老师说，别人使劲问他表演经验，他说：我每次表演都是真的，排练的时候都不"汤"，不敷衍了事。每次演出前或者到一个新场子，他吊嗓子时,都要把每一个座位看一遍,手一颤的这个力度,观众能不能明白。他拼着命地用所有的东西给你演。想当年,200个座位的场子算大的,现在上千了,这么做挺难。所以很多剧团都戴麦克风。不戴麦克风就不会使功夫了。我们这次演出不戴麦克风——你在现场可以检验我们在舞台中间,声音是不是能穿出去,在暴风雨中呐喊,跟雷声赛,赛得过吗?这要调动丹田气,是个技术。另外,创作和欣赏是互相探讨的。我总结审美有三个层次。第一个层次是看,第二个层次是赏,第三个层次是品。有的观众水平非常高,可以补充我。

比如,我以前在舞台上慷慨激昂地朗诵:君不见黄河之水天上来……有观众给我写信说,你太激昂了。这首诗表达的是对生命的感慨,是一种沧桑的哀怨。后来我就调整了。

生活中我就是李白

张妮:印象中最早在电视上看到您是客串《编辑部的故事》,那时您是英俊小生,现在您功成名就,到了快退休的年纪,对演艺生涯有怎样的感悟?您认为自己达到艺术高峰了吗?

濮存昕:我当时演的是《编辑部的故事》杀青前的最后一集。他们之前拍了5个月,葛优、侯耀华他们可溜了,瞭一眼词后顺嘴就说台词了。我当时那个紧张,总觉得自己的状态跟他们不搭调。第二天真拍的时候,我就想了一招——酒壮戏人胆。我带了两瓶啤酒搁在包里。看灯光调得差不多了,就开始喝酒,咕咚咕咚两瓶一口气灌进去之后,开始发酵,眼神有点迷离,心跳有点加速,然后往门口一靠。葛优说,哟,来戏了。我就借着那个劲儿演。当时有四五个机位,一场戏在不穿帮的情况下一遍过,就是借着酒壮胆。

想当年我也是想出名,我跟杨澜一起考《正大综艺》,她考上了,我没考上。看别人出名得奖,急死我了,那时我都快40岁了,没人理我。但急也没用,所有人跟你比赛,你不努力?真的努力机会就来了,也会有人帮你。人艺有这么多值得敬佩的演员,他们演过的戏我一点一点学。我演了和他一样的角色后,似乎能拿到点他演戏那个劲儿、那个味儿。从2000年到现在,这十多年我在舞台上滚着滚着滚到今天,真的把它琢磨透了。没有时间的积累弄不出这个。中国哲学里有一句话:有,才能没有。我平常用了功,上场的时候不紧张,文思泉涌,全都会。如果不会,进考场之前还在背题目、背公式,那不紧张死了。你在台上行,观众就认你,你让人家有依赖感,你的戏观众才愿意买票,乐此不疲。所有人认你了,觉得你对,给你喝彩,你不怕任何一次考验,因为你知道自己的高度。上不上高峰是别人说的。我快退休了。这两年我在想,跟老前辈比,跟我们同时代的演员比,我的课题还有没有,你不问这个就退休了?我生长在剧团,老前辈们年轻的时候,我就看他们演戏,现在我比他们当时的年纪还大,他们曾经的高度,我必须达到。

张妮: 您演过那么多角色,哪个角色最接近生活中的自己?

濮存昕: 李白在改造我、塑造我。我1991年演的话剧《李白》。大家都知道李白的诗,谁知道李白是什么样的人?其实他是一个真性情的人,想哭就哭,想干吗干吗。就是因为他纯洁,他的心境单纯、浪漫、把生活都想象成艺术。演的时候,我知道他的痛苦,同时我想像他那样摆脱痛苦,希望所有世俗之事和我没关系,不会恨谁,不会和人家较劲。我生活中就是李白。很多表演之外的事我都不愿意参与。我看到小外孙女就想,怎么能像她一样,懵懵懂懂全是冲动、全是疑问、全是简单。

跟全世界一起跑步

张妮:近年来,您还发起了《听见美·濮哥读美文》线上公众号及线下朗诵会。对于美文,为什么除了阅读还需要朗诵?

濮存昕:诗歌、散文、杂文等能阅读能听也能意会,最终都是在心灵、精神里获得信息,我们传统文化中特别重视的一个环节在当今是缺失的,就是诵读部分。诵读能加深记忆,张口就来,它对表达能力、思想的触类旁通、引经据典是有帮助的。用语言说出来,会帮助大家加深对文学的理解,比光看白纸黑字要好。二者不可偏废,这是一种能力的增长。所以今天我们号召同学们在课堂上努力举手发言,在班里成为有影响力、有说服力的领袖、演说家,提高自由表达能力。辩论会、演讲会在大学应该兴起了。这些古诗词、散文、现代诗、外国诗能使他们储存记忆,为将来成为非常了不起、有影响力、说服力的领袖人物做准备,他必须有这种能力。

20世纪60年代初,我的父亲是北京星期朗诵会的发起人、小组长,副组长是著名演员王心刚。我小时候就在中山音乐堂看他们演出,下午两点开始。朗诵题材五花八门,有《雷锋之歌》,有贺敬之、郭小川的诗歌,马雅可夫斯基的《向左进行曲》,林兆华还朗诵过《猴吃西瓜》寓言。那时我似懂非懂,但朗诵现场的氛围深深印刻在我的脑海中,通过声音给予人美学上的启迪是巨大的。后来朗诵会没有了。改革开放后又恢复了。改革开放的一个重要标志就是思想、个性的解放。艺术的灵性、直觉，这个民族是有的，缺少这个就没有鲜活了，就没有跟世界对话的可能性。灵性、直觉、真实的情感，诗歌是有的。像我这次演出的第一个节目就是《鱼儿三部曲》，它讲一个鱼儿的故事，实际上暗喻那一代有志青年，有理想，敢于献身、敢于破灭、敢于再生。像鱼一样向着上游、向着冷水域去产卵、去再生。

张妮：您曾表示，希望实现朗读者的初心与听者内心的灵魂对话。为什么朗读一定要跟听众有互动，而不是朗读者自己的独享？

濮存昕：古时候有吟，只是为自己。宗教界念经是为自己而不是表演。而诗歌朗诵是表达文学，需要听众，听众感兴趣了也会成为朗读者。"全民朗诵"并非一句漂亮空话，我希望通过"濮哥读美文"的平台切实向这个方向推进，希望定期举办朗诵会，邀请普通人参与进来，在朗诵中，与打动心灵的时刻相逢。

我们在做小小的事情，我们一天一天、一场一场、一个项目一个项目地做，就是在传播文学，提高中华民族的文化素质。其实报纸、媒体每天去发声、去传播也在做同样的事。因为我们的经济发展、政治文明、社会进步非常快，太需要人的素质相应提高了。时间去哪儿了，这是热门话题。时间在文学里，时间在阅读上，时间在朗诵中，生命被这些时间占有，素质就提高了。朗诵经典文学，让我感受到了文学之美、声音之美，我希望继续做它的传递者，令熟悉者重温这种美，令陌生者认识这种美。

张妮：诗歌是最接近大众的艺术形式，但有很长一段时间，国人似乎把它遗忘了，把更多精力放在如何挣钱上，现在是不是到了一个走得太快等等我们灵魂的时刻?

濮存昕：现在我们走得很快，进步速度全世界瞩目，前面跑得那么快，要歇一下喘两口气再接着往前跑，现在真的是处在这么一个阶段。我们需要一个节点，一个反省的阶段。经济上，我们从低端到高端，从制造中国变成创意中国。我们的文化呢？吃老本的阶段过去了，原创跟不上是我们需要反省的。为什么出不来原创好剧本？因为皇粮养得时间太长了，国有剧团创作能力越来越差，我们要坦然、诚恳、谦逊地面对市场化，由观众说了算，由上座率说了算。我们在20世纪90年代接过老一辈艺术家的旗，我们的水平敢不敢青出于蓝？能不能跟前辈艺术家一样去影响后面的人？我不能永远站在舞台中间，我的生命还有最后的一个时间段，今年就要办退休手续了。我看我们剧院里年轻的40岁上下的这些演员，谁努力呢，谁不闲着，我们都看在眼里。他们只要有什么召唤，我们是可以演配角的。我们看过这样的老同志，一辈子没演对，没站到过舞台中间来，这辈子就过去了。我们不能那样，得立志当将军，不能光当士兵。得攀高峰，追求生命的价值。

张妮：在您看来，中国顶级艺术家和国外艺术家的水平有差距吗？

濮存昕：我们现在真正自豪的还是传统文化，还是传统艺术元素，我们曾经的经典绝不差于世界任何水平，但是，作为当代艺术家，我们应该有这种自省力，我们不妄自尊大，我们不老子天下第一，我们知道，差距在于基本功。我们的艺术教育系统、社会文化生态给予年轻人的审美标准不够高。另外，就是态度。艺术文化知识分子到最高层，如果说有问题的话，通病就是一个——自以为是。把它拿掉，当你有宗教般精神的时候，对美、对艺术是敬畏的。今天，我们要恢复和弘扬传统文化，需要纵向接气，横向找到当代的世界能量。一定要跟别人一起跑，创作状态和体能才能上去。一个人跑步艰难极了，一个人的探险太艰苦了，必须是个团队。我们跟全世界一起跑步，才能吸收世界的能量。